論語解

論語解

발행일	2019년 2월 22일		
지은이	김학구		
펴낸이	손형국		
펴낸곳	(주)북랩		
편집인	선일영	편집	오경진, 권혁신, 최승헌, 최예은, 김경무
디자인	이현수, 김민하, 한수희, 김윤주, 허지혜	제작	박기성, 황동현, 구성우, 정성배
마케팅	김회란, 박진관, 조하라		
출판등록	2004. 12. 1(제2012-000051호)		
주소	서울시 금천구 가산디지털 1로 168, 우림라이온스밸리 B동 B113, 114호		
홈페이지	www.book.co.kr		
전화번호	(02)2026-5777	팩스	(02)2026-5747

ISBN	979-11-6299-554-9 03190 (종이책)	979-11-6299-555-6 05190 (전자책)

이 도서의 국립중앙도서관 출판예정도서목록(CIP)은 서지정보유통지원시스템 홈페이지(http://seoji.nl.go.kr)와
국가자료공동목록시스템(http://www.nl.go.kr/kolisnet)에서 이용하실 수 있습니다.
(CIP제어번호: CIP2019006081)

(주)북랩 성공출판의 파트너

북랩 홈페이지와 패밀리 사이트에서 다양한 출판 솔루션을 만나 보세요!

홈페이지 book.co.kr • **블로그** blog.naver.com/essaybook • **원고모집** book@book.co.kr

論語解

김학구 지음

북랩 book Lab

차례

雍也

述而

10장. 子謂顔淵曰 用之則行 舍之則藏 惟我與爾有是夫

11장. 富而可求也 雖執鞭之士 吾亦爲之 如不可求 從吾所好

12장. 子之所愼齊 戰疾

13장. 子在齊聞韶 三月不知肉味 曰 不圖爲樂之至於斯也

14장. 冉有曰 夫子爲衛君乎 子貢曰 諾 吾將問之 入曰

15장. 飯疏食飮水 曲肱而枕之 樂亦在其中矣 不義而富且貴

16장. 加我數年 五十以學易 可以無大過矣

17장. 子所雅言 詩書執禮 皆雅言也

18장. 葉公問孔子於子路 子路不對 子曰 女奚不曰 其爲人也

19장. 我非生而知之者 好古 敏以求之者也

20장. 子不語怪力亂神

21장. 三人行 必有我師焉 擇其善者而從之 其不善者而改之

22장. 天生德於予 桓魋其如予何

23장. 二三者 以我爲隱乎 吾無隱乎 爾吾無行而不與二三者者

24장. 子以四敎 文行忠信

25장. 聖人 吾不得而見之矣 得見君子者 斯可矣 子曰 善人

26장. 子釣而不網 弋不射宿

27장. 蓋有不知而作之者 我無是也 多聞 擇其善者而從之

28장. 互鄕難與言 童子見 門人或 子曰 與其進也 不與其退也

29장. 仁遠乎哉 我欲仁 斯仁至矣

30장. 陳司敗問 昭公知禮乎 孔子曰 知禮 孔子退

31장. 子與人歌而善 必使反之 而後和之

32장. 文莫吾猶人也 躬行君子 則吾未之有得

33장. 若聖與仁 則吾豈敢 抑爲之不厭 誨人不倦

34장. 子疾病 子路請禱 子曰 有諸 子路對曰 有之 誄曰

35장. 奢則不孫 儉則固 與其不孫也 寧固

36장. 君子坦蕩蕩 小人長戚戚

37장. 子溫而厲 威而不猛 恭而安

泰伯

1장. 泰伯 其可謂至德也已矣 三以天下讓 民無得而稱焉

2장. 恭而無禮則勞 愼而無禮則葸 勇而無禮則亂 直而無禮則絞

3장. 曾子有疾 召門弟子曰 啓予足 啓予手 詩云 戰戰兢兢

4장. 曾子有疾 孟敬子問之 曾子言曰 鳥之將死 其鳴也哀

5장. 曾子曰 以能問於不能 以多問於寡 有若無 實若虛

6장. 曾子曰 可以託六尺之孤 可以寄百里之命

7장. 曾子曰 士不可以不弘毅 任重而道遠 仁以爲己任

8장. 子曰 興於詩 立於禮 成於樂

9장. 子曰 民可使由之 不可使知之

10장. 子曰 好勇疾貧 亂也 人而不仁 疾之已甚 亂也

11장. 子曰 如有周公之才之美 使驕且吝 其餘不足觀也已

12장. 子曰 三年學 不至於穀 不易得也

13장. 子曰 篤信好學 守死善道 危邦不入 亂邦不居

14장. 不在其位 不謀其政

15장. 師摯之始 關雎之亂 洋洋乎盈耳哉

16장. 狂而不直 侗而不愿 悾悾而不信 吾不知之矣

子罕

16장. 子在川上 曰 逝者如斯夫 不舍晝夜

17장. 吾未見好德如好色者也

18장. 譬如爲山 未成一簣 止 吾止也

19장. 語之而不惰者 其回也與

20장. 子謂顔淵曰 惜乎 吾見其進也 未見其止也

21장. 苗而不秀者 有矣夫 秀而不實者 有矣夫

22장. 後生可畏 焉知來者之不如今也 四十五十而無聞焉

23장. 法語之言 能無從乎 改之爲貴 巽與之言 能無說乎

24장. 主忠信 毋友不如己者 過則勿憚改

25장. 三軍可奪帥也 匹夫不可奪志也

26장. 衣敝縕袍 與衣狐貉者 立而不恥者 其由也與

27장. 歲寒 然後知松柏之後彫也

28장. 知者不惑 仁者不憂 勇者不懼

29장. 可與共學 未可與適道 可與適道 未可與立 可與立

30장. 唐棣之華 偏其反而 豈不爾思 室是遠而

鄕黨

1장. 孔子於鄕黨 恂恂如也 似不能言者

2장. 朝與下大夫言 侃侃如也 與上大夫言 誾誾如也

3장. 君召使擯 色勃如也 足躩如也 揖所與立 左右手

4장. 入公門 鞠躬如也 如不容 立不中門 行不履閾 過位

5장. 執圭 鞠躬如也 如不勝 上如揖 下如授 勃如戰色

6장. 君子不以紺緅飾 紅紫不以爲褻服 當暑 袗絺綌

7장. 齊必有明衣布 齊必變食 居必遷坐

8장. 食不厭精 膾不厭細 食饐而餲 魚餒而肉敗 不食

9장. 席不正 不坐

10장. 鄕人飮酒 杖者出 斯出矣 鄕人儺 朝服而立於阼階

11장. 問人於他邦 再拜而送之 康子饋藥 拜而受之

12장. 廐焚 子退朝 曰 傷人乎 不問馬

13장. 君賜食 必正席先嘗之 君賜腥 必熟而薦之

14장. 入太廟 每事問

15장. 朋友死 無所歸 曰 於我殯 朋友之饋 雖車馬

16장. 寢不尸 居不容 見齊衰者 雖狎 必變

17장. 升車 必正立 執綏 車中 不內顧 不疾言 不親指

18장. 色斯擧矣 翔而後集 曰 山梁雌雉 時哉時哉

先進

1장. 先進於禮樂 野人也 後進於禮樂 君子也

2장. 從我於陳蔡者 皆不及門也

3장. 回也 非助我者也 於吾言 無所不說

4장. 孝哉 閔子騫 人不間於其父母昆弟之言

5장. 南容三復白圭 孔子以其兄之子妻之

6장. 季康子問 弟子孰爲好學 孔子對曰 有顔回者

7장. 顔淵死 顔路請子之車以爲之槨 子曰 才不才

顏淵

3장. 司馬牛問仁 子曰 仁者 其言也訒 曰 其言也訒

4장. 司馬牛問君子 子曰 君子不憂不懼 曰 不憂不懼

5장. 司馬牛憂曰 人皆有兄弟 我獨亡 子夏曰 商聞之矣

6장. 子張問明 子曰 浸潤之譖 膚受之愬 不行焉

7장. 子貢問政 子曰 足食足兵 民信之矣 子貢曰

8장. 棘子成曰 君子質而已矣 何以文爲 子貢曰 惜乎

9장. 哀公問於有若曰 年饑 用不足 如之何 有若對曰

10장. 子張問崇德辨惑 子曰 主忠信 徙義 崇德也 愛之欲其生

11장. 齊景公問政於孔子 孔子對曰 君君臣臣父父子子

12장. 片言可以折獄者 其由也與 子路無宿諾

13장. 聽訟 吾猶人也 必也使無訟乎

14장. 子張問政 子曰 居之無倦 行之以忠

15장. 博學於文 約之以禮 亦可以弗畔矣夫

16장. 君子 成人之美 不成人之惡 小人反是

17장. 季康子問政於孔子 孔子對曰 政者 正也

18장. 季康子患盜 問於孔子 孔子對曰 苟子之不欲

19장. 季康子問政於孔子曰 如殺無道 以就有道 何如

20장. 子張問 士何如斯可謂之達矣 子曰 何哉 爾所謂達者

21장. 樊遲從遊於舞雩之下 曰 敢問崇德修慝辨惑

22장. 樊遲問仁 子曰 愛人 問知 子曰 知人 樊遲未達

23장. 子貢問友 子曰 忠告而善道之 不可則止 無自辱焉

24장. 曾子曰 君子 以文會友 以友輔仁

子路

1장. 子路問政 子曰 先之 勞之 請益 曰 無倦

2장. 仲弓爲季氏宰 問政 子曰 先有司 赦小過 舉賢才

3장. 子路曰 衛君待子而爲政 子將奚先 子曰 必也正名乎

4장. 樊遲請學稼 子曰 吾不如老農 請學爲圃 曰 吾不如老圃

5장. 誦詩三百 授之以政 不達 使於四方 不能專對 雖多

6장. 其身正 不令而行 其身不正 雖令不從

7장. 魯衛之政 兄弟也

8장. 子謂衛公子荊 善居室 始有 曰 苟合矣 少有 曰 苟完矣

9장. 子適衛 冉有僕 子曰 庶矣哉 冉有曰 旣庶矣 又何加焉

10장. 苟有用我者 朞月而已 可也 三年有成

11장. 善人爲邦百年 亦可以勝殘去殺矣 誠哉是言也

12장. 如有王者 必世而後仁

13장. 苟正其身矣 於從政乎何有 不能正其身 如正人何

14장. 冉子退朝 子曰 何晏也 對曰 有政 子曰 其事也

15장. 定公問 一言而可以興邦 有諸 孔子對曰

16장. 葉公問政 子曰 近者說 遠者來

17장. 子夏爲莒父宰 問政 子曰 無欲速 無見小利

18장. 葉公語孔子曰 吾黨有直躬者 其父攘羊 而子證之

19장. 樊遲問仁 子曰 居處恭 執事敬 與人忠 雖之夷狄

20장. 子貢問曰 何如斯可謂之士矣 子曰 行己有恥 使於四方

21장. 不得中行而與之 必也狂狷乎 狂者進取 狷者有所不爲也

22장. 南人有言曰 人而無恒 不可以作巫醫 善夫

23장. 君子和而不同 小人同而不和

24장. 子貢問曰 鄕人皆好之 何如 子曰 未可也 鄕人皆惡之

25장. 君子易事而難說也 說之不以道 不說也 及其使人也 器之

26장. 君子泰而不驕 小人驕而不泰

27장. 剛毅木訥 近仁

28장. 子路問曰 何如斯可謂之士矣 子曰 切切偲偲 怡怡如也

29장. 善人敎民七年 亦可以則戎矣

30장. 以不敎民戰 是謂棄之

憲問

1장. 憲問恥 子曰 邦有道穀 邦無道穀 恥也

2장. 克伐怨欲 不行焉 可以爲仁矣 子曰 可以爲難矣

3장. 士而懷居 不足以爲士矣

4장. 邦有道 危言危行 邦無道 危行言孫

5장. 有德者 必有言 有言者 不必有德 仁者 必有勇

6장. 南宮适問於孔子曰 羿善射 奡盪舟 俱不得其死

7장. 君子而不仁者 有矣夫 未有小人而仁者也

8장. 愛之 能勿勞乎 忠焉 能勿誨乎

9장. 爲命 裨諶草創之 世叔討論之 行人子羽修飾之

10장. 或問子産 子曰 惠人也 問子西 曰 彼哉彼哉 問管仲

11장. 貧而無怨 難 富而無驕 易

12장. 孟公綽 爲趙魏老則優 不可以爲滕薛大夫

13장. 子路問成人 子曰 若臧武仲之知 公綽之不欲 卞莊子之勇

14장. 子問公叔文子於公明賈 曰 信乎 夫子不言不笑不取乎

15장. 臧武仲以防 求爲後於魯 雖曰不要君 吾不信也

16장. 晋文公譎而不正 齊桓公正而不譎

雍也

雍也 1장

子曰 雍也 可使南面 仲弓問子桑伯子 子曰 可也 簡 仲弓曰 居敬而
行簡 以臨其民 不亦可乎 居簡而行簡 無乃大簡乎 子曰 雍之言然

子曰. 공자가 말했다. 雍也. 옹(雍)은 중궁(仲弓)의 명(名)이다. 可使
南面. 남면(南面)이 임금의 자리라고 한다. '임금을 시킴에 가(可)하다.'
그럼 이게 무슨 말인가? 공자가 임금을 어찌 사(使)하는가? 이것이 어찌
가(可)하다 하는가? 공자가 천자(天子)인가? 음. 내가 이미 말했다. 공자
는 천자(天子)이다. 공자가 사(使)함이 가(可)하다. 생각을 좀 해 보시라.
경전(經典)이 무슨 애 이름인가? 공자가 스스로 천자(天子)가 아니라면
이런 소리는 할 수가 없다.

仲弓問子桑伯子. '중궁(仲弓)이 자상백자(子桑伯子)를 문(問)하였다.'
자상백자(子桑伯子)가 누구인지 또 모른단다. 생각은 머리로 하는 것이
아니다. 머리로 하는 생각은 분명히 한계가 있다. 그 한계를 넘어서는 머
리는 그냥 장식이다. 子桑伯子. 자(子)는 공자의 자(子)이다. 뽕나무 상
(桑). 공자는 뽕나무의 백자(伯子)이다. 맏 백(伯). 상(桑)은 그냥 제자백
가(諸子百家). 상(桑)이 본시 이런 식으로도 쓰인다. 제자백가(諸子百
家)라는 말이 아직 나오지 않았다고 따질 것은 없다. 떠도는 수많은 선
생들 중에 으뜸이라는 것이다. 공자는 제자(諸子)들의 백자(伯子)이다.
왕(王) 중의 왕(王)이다. 중궁(仲弓)이 공자에게 그것을 문(問)한 것이다.
'선생께서는 왕(王) 중의 왕(王)이다.' 이 문(問)은 마침이 물음표가 아니

라 마침표이다. 子曰. 공자가 말했다. 可也. 맞다. 簡. 간(簡)은 죽간(竹簡). 목간(木簡)이든 상관없다. 간(簡)에서는 내가 왕(王) 중의 왕(王)이 맞다.

仲弓曰. 중궁이 말하였다. 居敬而行簡. 경(敬)은 경천(敬天). 경천(敬天)에 거(居)하면서 간(簡)을 행(行)한다. 以臨其民. 임(臨)은 임전(臨戰)의 임(臨). 임전(臨戰)으로써. 기민(其民). 그 인민(人民). 민(民)은 당연히 국(國)을 전제한다. 不亦可乎. 또한 가(可)하지 않겠는가? 간(簡)의 왕(王)이 아니라 진짜 거(居)의 왕(王). 책 속의 왕(王)이 아니라 진짜 현실의 왕(王). 居簡而行簡. 간(簡)에 거(居)하면서 간(簡)을 행(行)한다. 無乃大簡乎. 무(無)하다면 이에 너무 큰 간(簡)이 아닌가? 그 민(民)에 대한 임(臨)이 무(無)하다면, 이것은 그저 공상(空想)이거나 과대망상(誇大妄想)이 아니겠는가? 子曰. 공자가 말했다. 雍之言然. 옹(雍)의 말이 그러하다. 연(然)은 사이언스이다. 그럼 뭐가 그러하다는 것이겠는가? 대간(大簡)? 변명하자면 공자가 결코 왕(王)을 하고 싶은 마음이 없었던 것이 아니다. 하늘이 사(使)하지 않은 것이다. 이것은 공자가 아무리 가(可)를 주어도 공자가 이미 불가(不可)인 것이다.

雍也 2장
哀公問 弟子孰爲好學 孔子對曰 有顔回者好學 不遷怒 不貳過 不幸短命死矣 今也則亡 未聞好學者也

哀公問. 애공(哀公)이 물었다. 弟子孰爲好學. 학(學)을 호(好)함을 이룬 제자(弟子)가 누구인가? 내가 보기에 여기서 제자(弟子)와 숙(孰)은 동격(同格)이다. 숙(孰)이 곧 제자(弟子)이다. '학(學)을 호(好)함을 이룬 자가 누구인가?' 제자(弟子)를 붙여 호학(好學)의 완료형을 물은 것이다. 죄송하다. 내가 말이 많이 부족하다. 굳이 말하자면 현재완료진행형이다.

孔子對曰. 공자가 대(對)하여 말하였다. 有顔回者好學. 안회(顔回)라는 자가 있어 학(學)을 호(好)하였다. 不遷怒. 노(怒)를 옮기지 않았고. 不貳過. 과(過)를 두 번 하지 않았다. 不幸短命死矣. 불행(不幸)히도 명(命)이 짧아 죽었다. 今也則亡. 지금이야 즉(則) 망(亡)이다. 지금은 없다. 未聞好學者也. 아직 학(學)을 호(好)하는 자를 듣지 못했다.

雍也 3장
子華使於齊 冉子爲其母請粟 子曰 與之釜 請益 曰 與之庾 冉子與之粟五秉 子曰 赤之適齊也 乘肥馬 衣輕裘 吾聞之也 君子周急不繼富
原思爲之宰 與之粟九百 辭 子曰 毋 以與爾鄰里鄕黨乎

子華使於齊. 자(子)는 공자의 자(子)로 보인다. 화(華)는 공서적(公西赤)의 자(字). 문법적으로 왜 사(使)가 뒤에 있냐 하면, 이것이 공자가 사(使)하는 것이 아니다. 이것이 사신(使臣)이니 왕명(王命)으로 가는 것이겠으나, 실질적으론 계씨(季氏)가 사(使)하는 것이다. 유랑(流浪) 중에 염구(冉求)가 계씨의 가신(家臣)으로 갔고 아마도 그 후의 일인 듯싶다. 염구가 공서적을 사신(使臣)으로 계씨에게 추천하였고, 계씨가 염구를 공자에게 보낸 것이다. 冉子爲其母請粟. 여기서도 염(冉)은 염구이고, 자(子)는 공자이다. 왜 그러한가 하면 뒤에 청(請)이 계씨에게 청(請)하는 것이기 때문이다. 당연히 속(粟)을 계씨에게 청(請)하지 공자에게 청(請)하겠는가? 속(粟)은 곡식(穀食). 녹(祿)이 봉급이라면 속(粟)은 특활비(特活費)이다. 그럼 또 왜 공자에게 묻느냐면 공서적은 계씨의 가신(家臣)이 아니고, 지금 공자 문중(門中)의 문도(門徒)이기 때문이다. 공서적이 지금 유랑(流浪)에 동행(同行)을 하고 있는지 아닌지는 내가 잘 모르겠다. '염구가 공자에게 공서적(公西赤)의 어머니를 위해서 속(粟)을 청(請)하였다.' 子曰. 공자가 말했다. 與之釜. 가마솥으로 하나는 주어라. 爲其母. 그 어머니를 위함이라. 아마도 공서적은 집에서 어머니를 모시고 있는 듯싶다. 請益. 더 많이 청하였다. 어차피 이것은 계씨가 주는 것이다. 曰. 공자가 말하였다. 與之庾. 노적가리로 하나는 주어라. 冉子與之粟五秉. 염구가 공자에게 속(粟)을 주는 것으로 다섯 번을 청(請)하였고 모두 장악하였다. 잡을 병(秉). 그럼 얼마를 주었겠는가? 열 마지기의 쌀을 주어라. 그럼 열 마지기의 땅을 주어라. 그럼 도대체 얼마를 원하는가? 그럼 네 맘대로 주어라. 子曰. 공자가 말했다. 赤之適齊也. 적(赤)이 제(齊)나라에 사신(使臣)으로 감에 염구 네 말이 맞다. 乘肥馬. 살찐 말이 끄는 수레를 타고. 衣輕裘. 가벼운 갖옷을 입는다. 내가 보기에 이것이 공서적이 제(齊)나라에 사신(使臣)으로 갈 때 타는 수레와 갖옷이 아니다. 그 대가로 얻는 살찐 말과 수레와 옷이다. 고급 승용차를 타면 보통은 집도 좋고 돈도 많은 것이다. 吾聞之也. 나는 이렇게 알고 있다. 君子周急不繼富. 군자(君子)는 두루 급(急)한 것은 부(富)를 계(繼)하지 않는다고. 이을 계(繼). '부(富)로 따지지 않는다.' 그렇지만 이것은 공자 당신의 생각이고 남들이야 군자(君子)가 아니다. 爲其母. 염구가 똑똑하다. 그 어머니를 위해서라고 하지 않는가? 공서적을 위해서 주자는 게 아니다.

原思爲之宰. 이어지는 말이다. 원(原)은 원헌(原憲). 공자의 문도(門徒)이다. 원헌(原憲)은 유랑에 동행하고 있는 듯싶다. 옆에서 염구의 말을 다 들었다. 사(思)는 의사(意思)의 사(思)로 보아야 한다. "무엇을 하고자 하는 생각." 계씨(季氏)가 나에게 재(宰)를 사(使)한다고 한다면, 나는 이렇게 할 것이다. 與之粟九百. 속(粟) 구백(九百)을 준다고 하여도. 구백(九百)은 단위가 마지기이다. 쌀인지 땅인지는 모르겠다. 辭. 사양(辭讓)하겠다. 물론 여기서 사(辭)는 사임(辭任)으로 봐야 한다. 子曰. 공자가 말했다. 毋. 말 무(毋). 사양하지 말라. 以與爾鄰里鄉黨乎. 그대의 이웃과 향당(鄉黨)과 더불어 함으로써 받으라. 이것이 농(弄)인가? 그대를 위해서 주는 게 아니다? 내가 보기에 이것은 공자의 농(弄)이다. 원헌(原憲)이 사(辭)하겠다는 것은 구백(九百)이 아니라 재(宰)로 보인다. 생각을 좀 해 보자. 염구가 어떻게 계씨에게 그 많은 재물을 청(請)할 수 있을까? 이것은 공자의 유랑(流浪)과 관계된 것이다. 계강자(季康子)의 아버지 계환자(季桓子)가 공자를 노(魯)나라에서 쫓아낸 것이다. 거의 죽일 뻔 했고, 진짜로 죽이려 했다고 나는 생각한다. 물론 남의 손으로. 계환자(季桓子)가 직접 공자를 죽일 수는 없다. 그러기엔 공자가 이미 너무 크다. 득(得)보다는 실(失)이 많다. 어쨌거나 염구는 그것과 관계하여 계씨에게 그 값을 청구(請求)하는 것이다. 그런데 염구 이 소인배(小人輩)가 생각이 아주 많이 모자란 것이다. 그런데 공자는 이 사태(事態)의 심각성에 대해 아직은 잘 모르는 듯싶다. 염구가 공자의 이름을 팔아먹는 것이다. 명목적으로 보자면, 이것은 예수를 판 유다와 같다. 아주 웃기게도 지금 그것에 공자가 사인한 것이다.

雍也 4장

子謂仲弓曰 犁牛之子 騂且角 雖欲勿用 山川其舍諸

子謂仲弓曰. 공자가 중궁(仲弓)을 일컬어 말하였다. 犁牛之子. 밭을 가는 소의 자식이라 할지라도. 소의 새끼라고 하여야 맞겠지만, 여기서는 그냥 자식으로 보자. 이것이 새끼가 아니다. 다 컸다. 騂且角. 털이 붉고 뿔이 날카롭다. 그럼 이것이 싸움소이다. 성질이 더러워 밭 못 간다. 억지로 시키면 곡식 다 밟아 죽인다. 雖欲勿用. 비록 밭 일이 있어 욕(欲)하고자 하지만 용(用)하지 말아야 한다. 억지로 시키면 다 밟아 죽인다니깐? 山川其舍諸. 산천(山川)이 그 집이다. 집 사(舍). 축사(畜舍)에 이 사(舍)를 쓴다. 보통은 문도 없고 벽도 허술하고 지붕만 있다. 그러니까 그냥 하늘이 지붕이다. 1장의 옹(雍)이 이 중궁(仲弓)이다.

雍也 5장

子曰 回也 其心三月不違仁 其餘則日月至焉而已矣

子曰. 공자가 말했다. 回也 其心三月不違仁. 안회(顏回)는 그 마음이 석 달을 인(仁)을 어기지 않았다. 其餘則日月至焉而已矣. 그 나머지는 즉(則) 하루나 한 달에 이르렀을 뿐이고. 이미 이(已). 이미 기대하지 않는다. 의(矣).

雍也 6장

季康子問 仲由可使從政也與 子曰 由也果 於從政乎何有 曰 賜也可使從政也與 曰 賜也達 於從政乎何有 曰 求也可使從政也與 曰 求也

藝 於從政乎何有

　季康子問. 계강자(季康子)가 물었다. 仲由可使從政也與. 중유(仲由)
는 자로(子路)이다. 유(由)가 명(名)이고, 중(仲)은 백중숙계(伯仲叔季)의
중(仲)이다. 그러니까 그 집안의 둘째 아들이라는 것이다. 이것이 나름
고급언어이다. 나름 품위가 있는 언어이다. 그만큼 내가 그 사람에 대해
안다는 것이고, 아니면 그만큼 알기 위해 노력했다는 것이다. 仲由可使
從政也與. 자로(子路)는 정(政)을 종(從)함을 사(使)할 수 있겠는가? 이
것은 말이 좀 이상한 것이다. 그냥 정(政)을 사(使)하면 되지 왜 그 종
(從)을 사(使)하나? 그러니까 이 말은 정(政)은 계강자 본인의 일이고,
그런 계강자 본인의 정(政)을 종(從)함을 사(使)할 수 있겠냐는 것이다.
그러니까 이 말은 자로를 계강자 본인의 보좌관(輔佐官)으로 사(使)할
수 있겠냐는 것이다. 말이 부족해 부끄럽다. 그냥 알아들으시라. 어차피
말이 그렇다는 것이고, 어차피 이것은 그냥 계씨(季氏)의 가신(家臣)이
다. 그런데 계강자가 말을 이렇게 한 것은 가신(家臣)인데 심복(心腹)으
로 사(使)할 수 있겠느냐를 묻는 것이다. 子曰. 공자가 말했다. 由也果.
자로(子路)는 이미 열매이다. 於從政乎何有. 본인이 정(政)을 하면 했
지, 누구 밑에서 종(從)할 인물이 아니다. 曰. 계강자가 말했다. 賜也可
使從政也與. 사(賜)는 자공(子貢). 사(賜)는 어떠한가? 보좌관(輔佐官)
이라 하였지만 이것이 그냥 비서실장(秘書室長)이다. 실질적 힘이 막강
한 것이다. 거의 계씨(季氏)의 복심(腹心)인 것이다. 曰. 공자가 말했다.
賜也達. 자공(子貢)은 이미 달관(達觀)한 자이다. 於從政乎何有. 어찌
있겠는가? 曰. 계강자가 말했다. 求也可使從政也與. 구(求)는 어떠한
가? 구(求)에게 나의 비(秘)와 나의 막강한 힘을 맡겨도 되겠는가? 曰.

공자가 말했다. 求也藝. 예(藝)가 육예(六藝)의 예(藝)이다. 그럼 내가 보기에는 염구는 시켜도 되겠는데? 예능(藝能)에도 이 예(藝)를 쓴다. 다재다능(多才多能)하다는 것이다. 於從政乎何有. 내가 보기엔 아무래도 공자가 삐친 것이다. 아직 응어리가 남아 있는 것이다. 염구는 그냥 보내줬어야 한다. 지가 가겠다는데 어찌 막겠는가? 그래도 공자 본인이 반대하면 안 갈 것이다? 공자가 인간(人間)을 잘 모른다. 하루나 한 달은 안 갈 수도 있다. 그 후로는 감당할 수가 없는 것이다. 공자는 염구에게 더 이상 줄 것이 없다. 받을 그릇이 못 되는 것이다. 염구는 안회가 아니다.

雍也 7장

季氏使閔子騫爲費宰 閔子騫曰 善爲我辭焉 如有復我者 則吾必在汶上矣

季氏使閔子騫爲費宰. 계씨(季氏)가 민자건(閔子騫)에게 비읍(費邑)의 읍재(邑宰)를 사(使)하였다. 閔子騫曰. 민자건(閔子騫)이 말하였다. 善爲我辭焉. 아(我)를 이루고자 함에 사양(辭讓)함이 선(善)하다. 선(善)은 사이언스이다. 말은 사양(辭讓)이라 하였지만 이것은 사임(辭任)에 가깝다. 이미 계씨가 사(使)하지 않았는가? 如有復我者. 아(我)에게 다시 사(使)하는 일이 있는 것 같다면. 則吾必在汶上矣. 즉(則) 오(吾)는 반드시 문(汶)의 강 위에 재(在)할 것이다. 이것은 그냥 물에 빠져 죽겠다는 것이다.

계씨(季氏)가 다시 사(使)하여 거절할 것이라면, 아마도 재빠르게 도

망하여야 할 것이다. 머뭇거리다간 감옥에 가거나 목이 달아날 것이다.

염구(冉求)와 민자건(閔子騫)을 비(比)해 보시라. 3장의 원헌(原憲)도 그렇고, 4장의 중궁(仲弓)도 그렇고, 1장의 居簡而行簡. 내가 보기엔 그냥 다 간(簡)이다.

雍也 8장
伯牛有疾 子問之 自牖執其手曰 亡之 命矣夫 斯人也 而有斯疾也 斯人也 而有斯疾也

伯牛有疾. 백우(伯牛)가 질(疾)에 있다. 子問之. 공자가 문(問)하러 갔다. 自牖執其手曰. 들창 유(牖). "들어서 여는 창." 들창 너머로 그 손을 잡고 말하였다. 亡之. 망(亡)하겠구나. 命矣夫. 대체로 보아서 명(命)이다. 斯人也. 이 사람이다. 而有斯疾也. 이 사람이 이런 질(疾)에 있다. 斯人也. 이 사람이다. 而有斯疾也. 이 사람이 이런 질(疾)에 있다.

망지(亡之)의 망(亡)은 백우(伯牛)가 아니라 공자로 봐야 한다. 공자 자신이 망(亡)하겠다는 것이다. 命矣夫. 대체로 보아서 명(命)이다. 명(命)은 운명(運命)이 아니라 천명(天命)으로 본다. 아마도 백우(伯牛)가 문둥병에 걸린 듯싶다. 백우(伯牛)가 누구인지는 선생님들의 책을 찾아 보시라. 나는 봐도 모르고 금방 잊어 먹는다.

雍也 9장
子曰 賢哉 回也 一簞食 一瓢飲 在陋巷 人不堪其憂 回也 不改其樂

賢哉 回也

子曰. 공자가 말했다. 賢哉. 어질 현(賢). 이것이 어질 인(仁)과 어찌 다른가? 1장에서 미루어 보자면 현(賢)은 거간(居簡)이다. 인(仁)은 거경(居敬)이다.

回也. 안회(顔回)이다. 一簞食 一瓢飮 在陋巷. 한 덩이 주먹밥과 한 바가지의 물로 더러운 거리에서 산다. 人不堪其憂. 사람들은 그 우(憂)를 감당(堪當)하지 못한다. 回也 不改其樂. 안회(顔回)는 그 즐거움을 고치지 않는다. 賢哉. 어질도다. 回也. 안회(顔回)이다.

내가 보기에 이것은 그냥 안회(顔回)의 사실을 말할 뿐이다. 공자의 의미 부여나 가치 판단은 없어 보인다. 공자에게 현(賢)은 그렇게 중요한 글자가 아니다.

雍也 10장
冉求曰 非不說子之道 力不足也 子曰 力不足者 中道而廢 今女畫

冉求曰. 염구(冉求)가 말하였다. 非不說子之道. '자(子)의 도(道)를 설(說)하지 않음이 아니다.' 이게 지금 무슨 말이겠는가? 내가 귀찮아서 안 찾는 것이 아니라 부담스러워서 안 찾는 것이다. 팔일6장 季氏旅於泰山. 여기에 이어지는 말이다. 바로 이어지는 것인지는 내가 잘 모른다. 하여튼 이어지는 것이다. 力不足也. 나의 역(力)이 밟을 수 없음이다. 부(不)는 불능(不能)의 불(不)이다. 염구에게 공자는 스승이다. 염구는 그것을 잊은 적이 없다. 다만 해석을 염구가 하는 것이다. 이것은 아주 웃기는 것이다. 공자가 염구의 공자인 것이다. 염구에게 공자는 유(有)이다. 재(在)하는 것이 아니라 그냥 유(有)하다. 왜냐하면 염구 자신이 유(有)하는 까닭이다. 인간이 본시 유(有)이다. 인간이 본시 라이프이다. 염구는 라이프이다. 그러나 공자는 사이언스이다. 공자는 재(在)하다. 라이프에서 잘 먹고 잘 살자고 공자가 설(說)하는 것이 아니다. 그래도 라이프에서 먹고는 살아야 하지 않겠는가? 당연히 인간은 먹어야 산다. 回也 一簞食 一瓢飮 在陋巷 人不堪其憂. 염구는 그 우(憂)를 감당하지 못하는 것이다. 보통 인간이 다 그렇다. 나도 그렇다. 나는 내가 이미 고백했다. 학이14장 君子食無求飽 居無求安. 나는 지금 살기는 그렇게 산다. 한 겨울에도 나는 차가운 밥에 김치에 그냥 밥 먹고 산다. 이것이 어려운 것이 하나도 아니다. 다만 나는 이것을 락(樂)하지 않는다. 돈 있으면 따뜻한 밥 먹지 내가 미쳤냐? 염구가 지금 그런 것이다. 편안한 길이 있는데 왜 굳이 어려운 길을 골라서 가야 하느냐 그런 것이다. 子曰. 공자가 말했다. 力不足者. 역(力)이 밟을 수 없는 자. 中道而廢. 도중(道中)이라 하여도 버린다. 폐할 폐(廢). 今女畫. 지금 계집아이는 그림을 그리고 있다. 지금 네 놈이 하는 말은 네가 그린 그림이다. 네 놈이 그린 공자는 내가 아니다.

선생님들 책에는 획(劃)으로 되어 있는데 상관없다. 今女劃. 지금부터 계집아이와는 끝이다. 이미 폐(廢)를 말하였으니 획(劃)은 중복이다. 금여화(今女畫)가 더 폼이 난다.

雍也 11장
子謂子夏曰 女爲君子儒 無爲小人儒

子謂子夏曰. 공자가 자하(子夏)를 일컬어 말하였다. 女爲君子儒. 여(女). 나는 라이프에서 남녀평등주의자(男女平等主義者)이다. 계집아이라고 하였다고 나한테 뭐라 하지 말라. 그러나 사이언스에서 나는 남녀평등(男女平等)을 주장하지 않는다. 분명 그 력(力)이 다르다. 학교에서 배우는 사이언스는 그냥 다 라이프이다. 사이언스는 누가 가르쳐 주는 것이 아니다. 말이 그러니까 그냥 계집아이라고 하는 것이다. 여(女)는 그냥 소인(小人)이다.

女爲君子儒 無爲小人儒. 네 놈은 군자(君子)를 이루려는 유(儒)만 있고, 소인(小人)을 이루려는 유(儒)가 없다. 네 놈은 군자유(君子儒)만을 이루려고 하고, 소인유(小人儒)를 이루려고 함이 없다. 남들이 군자(君子)라고 떠받드는 것이 군자유(君子儒)이고, 남들이 소인(小人)이라고 업신여기는 것이 소인유(小人儒)이다. 남들에게 욕먹고 손가락질 당하는 것이 소인유(小人儒)이다.

내가 알기로 모든 군자(君子)는 소인유(小人儒)를 거친다. 모든 군자(君子)는 소인유(小人儒)를 반드시 족(足)하여야 한다.

雍也 12장
子游爲武城宰 子曰 女得人焉 爾乎 曰 有澹臺滅明者 行不由徑 非公事 未嘗至於偃之室也

子游爲武城宰. 자유(子游)가 무성(武城)의 재(宰)를 이루었다. 子曰. 공자가 말했다. 女得人焉. 계집아이가 사람을 득(得)한 것이로구나. 그러니까 이것이 남편을 잘 만났다 뭐 그런 비슷한 의미겠다. 爾乎. 이제는 여(女)가 아니라 이(爾)라고 불러야 하는가? 이(爾)는 상대에 대한 배려이고 존칭이다. 나와 다른 아(我)를 대우해 준다는 것이다. 나에게 아(我)가 있듯이 상대에게도 아(我)가 있다는 것을 인정해 준다는 것이다. 공자가 부르는 여(女)에는 아(我)가 없다. 무아(無我). 소인(小人)에게는 아(我)가 없다. 아(我)는 대단히 배타적이다. 없다면 없다.

曰. 공자가 말했다. 有澹臺滅明者. 맑을 담(澹). 돈대 대(臺). 조용한 대(臺)에 불이 꺼지고 밝아지고 하는 것이 있다면. 行不由徑. 지름길을 말미암지 않는 것을 행(行)하라. 非公事. 임금의 일이 아니라면. 未嘗至於偃之室也. 쓰러질 언(偃). 아직 쓰러짐의 실(室)에 이르는 것을 맛보지 않았다.

죄송하다. 그래도 알아듣지 않겠는가? 대(臺)는 봉화대(烽火臺)의 대(臺)이다. 이것이 난(亂)이 일어난 것이다. 지금이 춘추시대(春秋時代) 말(末)이다. 곧 전국시대(戰國時代)가 시작된다. 이미 작은 대부(大夫)의 난(亂)은 시작된 것이다. 큰 대부(大夫)에 붙은 작은 대부(大夫)가, 붙지 않는 다른 작은 대부(大夫)를 공격하는 것이다. 큰 대부(大夫)의 백이 없다면, 작은 대부가 무슨 수로 어찌 난(亂)을 일으키겠는가. 이미 큰 대부(大夫)의 물밑 작업이 시작된 것이다. 까닭에 작은 대부의 싸움에 의(義)로움을 내세우지 말라는 것이다. 정말로 왕(王)을 하자고 난(亂)을 일으킨 것이 아니라면. 대부들 싸움에는 끼어들지 말라는 것이다. 대부들 싸움에 끼어들지 않았다고 멸문(滅門)을 당했다는 소리는 내가 아직 들어보지 못했다. 끼어들어서 잘못되면 멸문(滅門)을 당한다.

雍也 13장
子曰 孟之反不伐 奔而殿 將入門 策其馬 曰 非敢後也 馬不進也

子曰. 공자가 말했다. 孟之反不伐. 성(姓)이 맹(孟)이니 이것이 맹씨(孟氏)이다. 선생님들 책에는 지반(之反)이 자(字)라고 하는데, 나는 잘 모르겠다. 자(字)라고 보아도 별 상관이 없지만, 나는 그냥 성(姓)만 본다. 맹(孟)이 반(反)하였다는 것이다. 반(反)하여 벌(伐)하지 않았다. 칠 벌(伐). 공격 명령이 떨어졌는데 맹씨(孟氏)가 공격하지 않았다는 것이다.

奔而殿. 달릴 분(奔). 말이 좋아 퇴각(退却)이지 이것은 도망하는 것이다. 전(殿)은 후미(後尾)의 부대(部隊)라고 한다. 그러니까 애초에 공격은 안 하고 후퇴할 때 추격하는 적을 후미에서 막았다는 것이다. 將入門. 장차 문(門)에 입(入)하였다. 문(門)은 당연히 임금이 있는 궁문(宮門)이다. 그러니까 이것이 상(賞)을 주려고 하는 것이다. 아군이 안전하게 퇴각할 수 있게 맨 뒤에서 적을 막았으니까. 그런데 공격(攻擊)을 안 했다니깐? 내가 보기에 상(賞)보다 벌(罰)이 크다. 그런데 남들은 모르는 것이다. 왜냐하면 맹지반(孟之反)이다. 맹(孟)의 반(反). 맹(孟)만 안다. 策其馬 曰. 꾀 책(策). 그 마(馬)를 핑계로 말하였다. 非敢後也. 제가 감히 후미(後尾)를 맡으려고 하였던 것이 아닙니다. 馬不進也. 말

이 나아가지를 않았습니다. 상(賞)은 안 받겠다는 것이다. 왜냐하면 상
(賞)을 받으면 벌(罰)도 받아야 하니까.

12장의 말씀과 이어서 보면 되겠다.

雍也 14장
子曰 不有祝鮀之佞 而有宋朝之美 難乎 免於今之世矣

子曰. 공자가 말했다. 不有祝鮀之佞. 축타(祝鮀)의 영(佞)이 있지 않
으면. 아첨할 영(佞). 영(佞)은 립서비스. 축(祝)은 종묘(宗廟)를 관장하
는 벼슬 이름이라고 한다. 그러니까 타(鮀)가 명(名)이다. 누군지는 나는
모른다. 而有宋朝之美. 송조(宋朝)의 미(美)가 있지 않으면. 미(美)라고
하여 송조(宋朝)가 여자일 것이라는 생각은 버려라. 송조(宋朝)는 남자
이다. 송(宋)은 송(宋)나라. 조(朝)가 명(名)이다. 축타(祝鮀)의 립서비스
와 송조(宋朝)의 아름다움이 있지 않으면. 難乎. 어렵도다. 免於今之世
矣. 지금의 세(世)에서 면(免)하기가. 뭘 면(免)하기가 어렵다는 것인지
구체적인 말씀은 없지만. 미루어 보건데 당연히 죽음이다. 잘 난 놈이
잘 난 대로 살자니 목숨을 부지하기가 어렵다는 것이다.

雍也 15장
子曰 雖能出不由戶 何莫由斯道也

子曰. 공자가 말했다. 雖能出不由戶. 집 호(戶). 비록 집을 말미암지
않고 나감에 능(能)하다 할지라도. 何莫由斯道也. 어찌 이 도(道)를 말

미암을 필요가 없다고 하겠는가.

호(戶)를 집으로 훈(訓)하지만, 이것은 호적(戶籍)의 집이다. 그러니까 출세(出世)하는데 호적(戶籍)에 까닭 할 필요는 없다는 것이다. 출신(出身)을 따질 필요는 없다. 개천에서도 용이 나는 것이다. 선생님들 책에는 수(雖)가 수(誰)로 되어 있다. 誰能出不由戶. 이렇게 보면 호(戶)는 문(門)으로 보아야 한다. 누가 능히 문을 말미암지 않고 나갈 수 있겠는가? 그럼 이것이 예수의 말이 된다. 나를 통하지 않고 하늘나라 갈 수 있는 자는 없다. 그러나 공자는 예수가 아니다. 공자를 통하지 않고도 출세(出世)할 수 있다. 호적(戶籍)이 미천(微賤)한 노자(老子)나 다른 제자백가(諸子百家)들을 통해서도 하늘나라 갈 수 있다. 다만 부(不)할 수는 없다는 것이다. 공자의 도(道)를 말미암을 필요가 없다고 부(不)할 수는 없다는 것이다. 의미는 알아서 찾아보시라. 나는 말이 부족해서 설명을 못하겠다.

雍也 16장
子曰 質勝文則野 文勝質則史 文質彬彬然後君子

子曰. 공자가 말했다. 質勝文則野. 질(質)이 문(文)을 이기면 즉(則) 야(野)이다. 文勝質則史. 문(文)이 질(質)을 이기면 즉(則) 사(史)이다. 文質彬彬然後君子. 빛날 빈(彬). 빈빈(彬彬). 이것은 또렷하다는 것이다. 문(文)은 문(文)이고, 질(質)은 질(質)이다. 이것은 섞이는 것이 아니다. 이것은 조화(調和)를 말하는 것도 아니다. 공자님 말씀을 제아무리 배워도 내가 공자가 되는 것이 아니다. 공자는 공자이고 나는 나다. 나는 공자를 이길 생각이 없다. 그러나 공자가 나를 이기는 수도 없다. 빈빈(彬彬). 이것은 또렷하고 또 또렷하다는 것이다. 이것이 또렷할수록 인간들은 헷갈린다. 인간들은 또렷한 것을 좋아하지 않는다. 이것은 공자가 제자들에게 하는 말이다. 스승을 사랑하는 마음이 스승의 말씀을 이기면 야(野)이다. 스승의 말씀이 스승을 사랑하는 마음을 이기면 사(史)이다. 물(物)이라는 것이다. 그러면 스승도 없고 제자도 없다. 스승은 스승이고 말씀은 말씀이다. 이것은 또렷한 것이어야 한다. 스승이 곧 말씀이 아닌 것이다. 말씀이 곧 스승이 아닌 것이다. 스승은 스승으로 재(在)하고 말씀은 말씀으로 재(在)한다. 然後君子. 그러한 뒤에 나를 군자(君子)라고 부르든 말든 하라는 말씀이겠다. 이것은 그냥 덕(德)도 모르는 문도(門徒)들이 공자를 마구 군자(君子)라고 함에 상당히 듣기 거북하여 하신 말씀으로 보인다.

雍也 17장
子曰 人之生也直 罔之生也 幸而免

子曰. 공자가 말했다. 人之生也直. 인간의 생(生)이다. 나는 지금 곧게 살고 있다. 罔之生也. 그물 망(罔). 망(罔)의 인생(人生)이다. 幸而免. 요행(僥倖)하여 모면(謀免)이다.

인간의 생(生)에 직(直)은 없다. 인간의 생(生)에 직(直)이 있다면 환상이고, 그물안의 고기이다. 인간의 생(生)에 직(直)이 있다면, 정(政)이 있을 까닭이 없다. 옳고 그름을 따질 까닭이 없다.

雍也 18장

子曰 知之者 不如好之者 好之者 不如樂之者

子曰. 공자가 말했다. 知之者. 알려고 하는 자는. 不如好之者. 좋아하는 자만 못하고. 好之者. 좋아하는 자는. 不如樂之者. 즐기는 자만 못하다.

어려운 말은 없지만, 이것도 상당히 어려운 말이다. 말하자면, 나는 지금 공자를 즐기는 자이다. 당신들이 나만 못하다. 나는 공자를 알려고 하지도 않았다. 나는 공자를 좋아한 적도 없다. 그러나 나는 지금 공자를 즐길 수 있다. 나는 하느님을 알려고 했다. 나는 정말 하느님을 알려고 했다. 나는 하느님을 좋아하지 않는다. 당신들은 하느님을 좋아 하는가? 당신들은 하느님을 즐기는가? 그럼 당신들이 나보다 나은가?

雍也 19장

子曰 中人以上 可以語上也 中人以下 不可以語上也

子曰. 공자가 말했다. 中人以上. 중(中)은 그냥 충(忠)으로 본다. 중심(中心). 충(忠)에서 심(心)을 빼고 보면 된다. 상(上)은 형이상학(形而上學)의 상(上)이다. 하(下)는 형이하학(形而下學)의 하(下). 중(中)은 적중(的中). 中人以上. 상(上)으로써 충(忠)하고자 하는 자에게는. 可以語上也. 상(上)을 어(語)로써 가(可)하다. 中人以下. 하(下)로써 충(忠)하고자 하는 자에게는. 不可以語上也. 상(上)을 어(語)로써 불가(不可)하다.

상하(上下)가 가치를 말하는 것이 아니다. 그냥 그것이 의미가 그렇다
는 얘기이다.

雍也 20장
樊遲問知 子曰 務民之義 敬鬼神而遠之 可謂知矣 問仁 曰 仁者先
難而後獲 可謂仁矣

樊遲問知. 번지(樊遲)가 지(知)를 문(問)하였다. 子曰. 공자가 말했다.
務民之義. 무(務)가 민(民)의 의(義)임을 알고. 敬鬼神而遠之. 귀신(鬼
神)을 경(敬)하여 먼 곳까지 경(敬)함을 안다면. 可謂知矣. 지(知)라 일
컬음이 가(可)하다. 問仁. 번지(樊遲)가 인(仁)을 물었다. 曰. 공자가 말
했다. 仁者先難而後獲. 인(仁)이라는 것은 우선 어렵고, 그것을 행(行)
한 후(後)에 획(獲)하는 것이다. 可謂仁矣. 인(仁)이라 일컬음이 가(可)
하다.

내가 보기에 번지(樊遲)는 중인이상(中人以上)이다. 可以語上也. 공
자가 어(語)로써 가(可)하다 하지 않는가. 務民之義. 이것은 공자의 지
(知)이다. 공자의 무(務)는 인민(人民)의 의(義)이다. 의(義)가 곧 지(知)
이다. 의(義)를 아는 것이 곧 지(知)인 것이다. 군자(君子)는 인민(人民)
이 의(義)를 알게끔 힘쓴다는 것이다. 인(仁)은 획(獲)하는 것이다. 획득
(獲得). 지(知)는 후불(後拂)이 되지만 인(仁)은 선불(先拂)이다. 먼저 인
(仁)을 행(行)한 후(後)에야 인(仁)이 뭔지 안다는 것이다.

雍也 21장

子曰 知者樂水 仁者樂山 知者動 仁者靜 知者樂 仁者壽

子曰. 공자가 말했다. 知者樂水. 지(知)라는 것은, 수(水)를 락(樂)하
는 것이고. 仁者樂山. 인(仁)이라는 것은, 산(山)을 락(樂)하는 것이다.
知者動. 지(知)라는 것은 움직이고. 仁者靜. 인(仁)이라는 것은 고요하
다. 知者樂. 지(知)를 득(得)한 자는 즐겁고. 仁者壽. 인(仁)을 획(獲)한
자는 오래 산다.

대체로 지(知)는 합리적(合理的)이고, 인(仁)은 경험적(經驗的)이다.

雍也 22장

子曰 齊一變 至於魯 魯一變 至於道

子曰. 공자가 말했다. 齊一變. 제(齊)나라가 일변(一變)하면. 至於魯.
노(魯)나라에 이르고. 魯一變. 노(魯)나라가 일변(一變)하면. 至於道.
도(道)에 이른다.

무슨 말인지 모르겠다.

雍也 23장

子曰 觚不觚 觚哉 觚哉

子曰. 공자가 말했다. 觚不觚. 큰 소주잔이 큰 소주잔이 아니다. 觚

哉. 큰 소주잔 말이다. 觚哉. 큰 소주잔을 가져와라.

작은 소주잔을 작(爵)이라고 하고, 큰 소주잔을 고(觚)라고 한다. 막걸리는 그냥 사발로 마신다. 막걸리 잔도 이름이 있는지는 내가 잘 모르겠다. 공자는 지금 방황(彷徨)하는 것이다. 술 먹는 중이다. 이 덕(德)같은 세상이 정말 덕(德)같다. 이 덕(德)도 아닌 것들이 진짜 사람을 덕(德)같이 본다. 공자는 지금 현실을 인식하는 중이다. 그러니까 자각하는 중이다. 22장은 그냥 공자가 술 먹고 한 소리이다. 뻥이 좀 과한 것이다. 술 먹고 한 소리이니 따질 것은 없다.

雍也 24장
宰我問曰 仁者 雖告之曰 井有仁焉 其從之也 子曰 何爲其然也 君子
可逝也 不可陷也 可欺也 不可罔也

宰我問曰. 재아(宰我)가 문(問)하여 말하였다. 仁者 雖告之曰. 인자(仁者)가 비록 고백(告白)하여 말하기를. 井有仁焉. 나는 우물 안의 인(仁)이다 할지라도. 其從之也. 그래도 그것은 인(仁)을 좇음이다. 재아(宰我)도 지금 술 먹나? 하여튼 이 공자는 지금 술 먹는 중이다. 子曰. 공자가 말했다. 何爲其然也. 어찌 그것이 그러하다 할 수는 있다. 君子可逝也. 갈 서(逝). 서거(逝去). 군자(君子)가 죽을 수 있다면 말이다. 不可陷也. 함정(陷穽)은 불가(不可)하다. 可欺也. 속일 기(欺). 내가 사기(詐欺)칠 수는 있다. 不可罔也. 그러나 그물을 벗어날 수는 없다.

내가 인간들을 속일 수는 있다. 그러나 하늘은 못 속인다.

雍也 25장

子曰 君子博學於文 約之以禮 亦可以弗畔矣夫

子曰. 공자가 말했다. 君子博學於文. 군자(君子)가 문(文)에 박학(博學)하고. 約之以禮. 예(禮)로써 그것을 약(約)한다면. 묶을 약(約). 그러니까 단속(團束)한다면. 亦可以弗畔矣夫. 밭두렁 반(畔). 또한 밭두렁이 아님으로써 가(可)하다고 할 수 있다. 부(夫). 대저(大抵). 대체로 보아서.

그러니까 이 말은 꼭 정치학을 배운 정치학자만이 정치를 말하라는 법은 없다는 것이다. 물리학자가 문(文)에 박학(博學)하고 예(禮)로써 단속(團束)한다면 물리학자도 정치를 말할 수 있다. 전공이냐 비전공이냐 그런 밭두렁이 없다는 것이다. 물론 당연히 정치학자가 물리(物理)를 말할 수도 있다. 문(文)에 박학(博學)하고 예(禮)로써 약(約)한다면 정치학자는 건축학을 말할 수도 있다.

約之以禮. 쉽게 말하자면, 자기가 한 말에 대하여 자기가 책임을 진다는 것이다.

雍也 26장

子見南子 子路不說 夫子矢之曰 予所否者 天厭之 天厭之

子見南子. 공자가 남자(南子)를 견(見)하였다. 이것이 혹 상견(相見)? 남자(南子)는 남자(男子)가 아니라 여자(女子)이다. 물론 예쁘다. 단순이 예쁜 것만이 아니라 똑똑하다. 위(衛)나라의 왕비(王妃)이다. 그런데 좀 난잡(亂雜)하다는 소문이 있다. 왕(王)은 늙었고 힘이 없다.

子路不說. 자로(子路)가 설(說)하지 않았다. "그래 남자(南子)를 견(見)하니 어떠하더이까?" 묻지도 않고 그 일에 대해서는 아는 척도 하지 않는다는 것이다. 그런데 내가 보기에 자로(子路)가 설(說)하지는 않지만 뭔가 뽀로통한 뭐 그런 얼굴이다. 그러니까 이것이 안 물어봐도 다 안다는 뭐 그런 것이다. 夫子矢之曰. 시(矢)는 화살 시(矢). 대체로 보아서 공자가 그것을 지목(指目)하여 말하였다. 予所否者. 나 여(予). 상대가 우선하여 상대가 보는 나이다. 내가 부정(否定)한 바의 자(者)라면. 天厭之. 염(厭)은 염증(厭症). 싫증. "싫은 생각이나 느낌." 하늘이 짜증낼 것이다. 天厭之. 하늘이 짜증낼 것이다.

내가 알기로 군자(君子)는 직(直)의 인간이 아니다. 그런데 자로(子路)는 직(直)의 인간이다. 하여튼 공자가 남자(南子)를 견(見)하였다는 것이 사실이다.

雍也 27장
子曰 中庸之爲德也 其至矣乎 民鮮久矣

子曰. 공자가 말했다. 中庸之爲德也. 떳떳할 용(庸). 여기서도 중(中)은 충(忠)으로 본다. 중심(中心). 충(忠)에서 심(心)을 빼면 어떠하겠는가? 그것이 중(中)이고 용(庸)이다. 라이프가 사이언스로 화(化)하는 것이다.

中庸之爲德也. 중용(中庸)의 도(道)는 덕(德)을 이루는 것이다. 其至矣乎. 그것이 이르렀다고 할 수 있겠는가? 民鮮久矣. 민(民)은 명백(明白)하게 없음이 오래되었다.

雍也 28장

子貢曰 如有博施於民而能濟衆 如何 可謂仁乎 子曰 何事於仁 必也聖乎 堯舜其猶病諸 夫仁者 己欲立而立人 己欲達而達人 能近取譬 可謂仁之方也已

子貢曰. 자공(子貢)이 말하였다. 如有博施於民而能濟衆 如何. 박학(博學)이 있어 민(民)에 베풀어 능(能)히 중(衆)을 제(濟)한다면 어떠한가? 제(濟)는 구제(救濟). 내가 보기에 이것은 거의 구원(救援)이다. 可謂仁乎. 인(仁)이라 일컬음이 가(可)한가? 子曰. 공자가 말했다. 何事於仁. 어찌 인(仁)에 일이겠는가. 必也聖乎. 반드시 성(聖)의 일이다. 堯舜其猶病諸. 요순(堯舜)도 그것은 오히려 병(病)이다. 夫仁者. 대체로 보아서 인(仁)이라는 것은. 己欲立而立人. 자기가 입(立)하고자 바라면 남을 입(立)하게 해 주고. 己欲達而達人. 자기가 달(達)하고자 바라면 남을 달(達)하게 해 준다. 能近取譬. 능(能)히 가까운 데서 비유(譬喩)를 취(取)할 수 있거늘. 可謂仁之方也已. 인(仁)의 방(方)을 일컬어 가(可)하다 하겠는가. 이미 이(已).

닭을 잡는데 어찌 소 잡는 칼을 들어 가(可)하다 하겠는가.

述而

述而 1장

子曰 述而不作 信而好古 竊比於我老彭

子曰. 공자가 말했다. 述而不作. 술(述)하였고 작(作)하지 않았다. 信而好古. 신(信)하였고 고(古)를 호(好)하였다. 竊比於我老彭. 훔칠 절(竊). 절도(竊盜). "남의 물건을 몰래 훔침." 훔친 것이 있다면. 팽(彭)은 곁 방(彭)으로 읽는다. 그러니까 노방(老彭)은 거의 노망(老妄)이 아닐까 싶다. 훔친 것이 있다면 아(我)의 노망(老妄)에서 견주어라. 견줄 비(比).

내가 보기에 공자가 훔친 것이 있기는 있었다. 그런데 그것이 노망(老妄)으로 보이지는 않았다. 그럼, 그것이 공자가 보는 고(古)의 말씀에 있었다는 말인가? 그럼, 이 노방(老彭)을 노인네의 똥고집으로 봐야 하나?

述而 2장

子曰 黙而識之 學而不厭 誨人不倦 何有於我哉

子曰. 공자가 말했다. 黙而識之. 묵인(黙認)하면서 그것을 인식(認識)하고. 學而不厭. 배우면서 싫증내지 않는다. 誨人不倦. 타인(他人)을 훈계(訓戒)함이 게으르지 않다. 何有於我哉. 어찌 아(我)에게 있겠는가. 싫증냄과 게으름이.

나도 아(我)에게는 없다. 오(吾)에게 있어서 그렇지. 그래도 내가 살아야 하니 묵인(默認)하면서 인식(認識)은 한다. 공자는 함정(陷穽)이 불가(不可)하다 하였지만 나는 함정(陷穽)을 하나 팔 것이다. 내가 하늘은 못 속여도 귀신은 속인다. 나는 타인(他人)을 훈계하지 않는다.

述而 3장
子曰 德之不修 學之不講 聞義不能徙 不善不能改 是吾憂也

子曰. 공자가 말했다. 德之不修. 덕(德)의 수신(修身)하지 못함과. 學之不講. 학(學)의 강구(講究)하지 못함과. 강구(講究). "좋은 대책과 방법을 궁리하여 찾아내거나 좋은 대책을 세움." 聞義不能徙. 옮길 사(徙). 의(義)를 문(聞)하고도 옮김에 능(能)하지 못함과. 不善不能改. 선(善)하지 못한 것을 고침에 능(能)하지 못함. 是吾憂也. 이것이 오(吾)의 걱정이다.

내가 말을 했던가? 군자(君子)에게 우(憂)는 단 한시도 떠나지 않는다. 2장과 이어서 보면 된다. 싫증냄과 게으름이 없는 까닭이다. 까닭에 우(憂)가 끊임이 없는 것이다. 걱정이 없다면 그것은 그냥 게으른 까닭이다.

述而 4장
子之燕居 申申如也 夭夭如也

子之燕居. 연(燕)은 제비 연(燕). 연거(燕居)가 휴일(休日)이란다. 그러니까 연(燕)은 제비가 아니라 제비집으로 보면 되겠다. 물론 제비집에 제비 새끼 있는 것이다. 공자의 휴일(休日). 申申如也. 거듭 신(申). 거듭하고 거듭한다. 되풀이하고 또 되풀이한다. 내가 보기에 이것은 떼쓰는 것이다. "부당한 일을 해 줄 것을 억지로 요구하거나 고집하다." 申申如也. 떼쓰고 또 떼쓰는 것 같았다. 夭夭如也. 어린아이 또 어린아이 같았다.

어린아이 같이 떼쓰는 공자는 쉽게 상상되지 않을 듯싶다. 내가 알기로 모든 군자(君子)는 다 어린아이 같은 것이다. 공무(公務)가 없는 휴일(休日). 예수도 이런 비슷한 얘기 있다. 3장에서는 군자(君子)는 우(憂)가 한시도 떠나지 않는다 하지 않았는가? 어린 아이도 걱정 있어요. 어린 아이가 무슨 걱정이 있겠느냐 생각하시면 잘 모르시는 것이에요.

述而 5장
子曰 甚矣 吾衰也 久矣 吾不復夢見周公

子曰. 공자가 말했다. 甚矣. 심(甚)하구나. 吾衰也. 나의 쇠퇴(衰退)함이다. "기세나 상태가 쇠하여 전보다 못하여 감." 久矣. 오래되었구나. 吾不復夢見周公. 주공(周公)을 꿈에서 견(見)하는 것을 나는 회복(回復)하지 못했다.

응? 그럼 이것이 주공(周公)을 한 번 보고 못 본 것인데? 그렇군. 나는 몇 번 더 견(見)한 줄 알았는데 아니군. 공자는 15세에 주공(周公)을 꿈에서 견(見)하고, 이후로 한 번도 다시 견(見)하지 못했다. 그렇군.

述而 6장

子曰 志於道 據於德 依於仁 游於藝

子曰. 공자가 말했다. 志於道. 도(道)에 지향(志向)을 두고. 據於德. 덕(德)에 근거(根據)를 하며. 依於仁. 인(仁)에 의지(依支)를 하여. 游於藝. 예(藝)에 유세(遊說)를 한다.

내가 보기에 지금 공자가 15세이다.

述而 7장

子曰 自行束脩以上 吾未嘗無誨焉

子曰. 공자가 말했다. 自行束脩以上. 상(上)으로써 속(束)하고, 수(脩)하는 행(行)으로부터. 吾未嘗無誨焉. 나는 아직 회(誨)가 없음을 맛보지 않았다.

옹야19장의 중인이상(中人以上)과 같은 상(上)이다. 내가 말이 부족하여 어찌 설명을 해야 할지 모르겠다. 보다 나은 아(我)를 이루려 노력하는 것이다. 형이상학적(形而上學的)인 나. 속(束)은 단속(團束). "주의를 기울여 다잡거나 보살핌." 포 수(脩)? 이것이 포육(脯肉)의 포(脯)와 같은 글자인가? 내가 보기에 이것은 수(修)와 가까운 글자이다. 씻을 척(脩). 닦을 수(修). 그 수신(修身)함이 수(修)가 능동이라면 수(脩)는 피동이다. 글자가 터럭 삼(彡)과 육달월(月)이 다르다. 가령 머리카락을 닦으러 감으면 그 머리의 피부도 같이 닦이는 것이다.

수(脩)는 씻을 척(脩)으로 보시라. 한자사전에 있는 것이다. 吾未嘗無誨焉. 회(誨)는 훈계(訓戒). 나는 아직 훈계(訓戒)가 없음을 맛보지 않았다. 내가 보다 나은 형이상학적(形而上學的)인 아(我)를 이루려고 단속(團束)하고 수궁(脩躬)함에 훈계(訓戒)가 반드시 있다는 것이다. 잔소리가 반드시 있다는 것이다. 무슨 말인지는 그냥 알아서 살펴보시라.

述而 8장
子曰 不憤不啓 不悱不發 擧一隅不以三隅反 則不復也

子曰. 공자가 말했다. 不憤不啓. 분(憤)이 아니면 계(啓)가 아니고. 不悱不發. 비(悱)가 아니면 발(發)이 아니다. 擧一隅不以三隅反. 한 귀퉁이를 들어 세 귀퉁이로써 반(反)하지 않으면. 則不復也. 즉(則) 복(復)이 아니다.

어려운 말은 없는데 단지 내가 말이 부족한 까닭이다. 不憤不啓. 분(憤)은 분기(憤氣). 분(憤)하다. 1.억울한 일을 당하여 화나고 원통하다. 2.될 듯한 일이 되지 않아 섭섭하고 아깝다. 한국어에서는 보통 1을 분(憤)하다고 한다. 일본어 번역을 보면 보통 2를 많이 쓰는 듯싶다. 일본 운동선수들은 지고 나면 꼭 분(憤)하다고 한다. 경기에서 진 것이 무슨 분(憤)할 일인가 한국인들은 언뜻 납득하기 좀 어렵다. 여기서는 2의 풀이로 보면 되겠다. 분명히 싸움이 전제된 것이다. 그리고 패한 것이다. 그래서 분(憤)한 것이다. 물론 이것은 공자와 싸운 것이다. 계(啓)는 계몽(啓蒙). 분(憤)한 마음이 없으면 계몽(啓蒙)도 없다. 不悱不發. 표현 못할 비(悱). 내가 지금 표현 못할 비(悱)가 아주 많다. 발(發)은 발아(發

芽). "어떤 사물이나 사태가 비롯함을 비유적으로 이르는 말." 분(憤)한 마음과 표현 못할 비(悱)가 없다면 계발(啓發)도 없다. "슬기나 재능, 사상 따위를 일깨워 줌." 擧一隅不以三隅反. 이것은 비(非)를 말하는 것이다. 도가도비상도(道可道非常道). 아니다. 아닌 것도 아니다. 아닌 것도 아닌 것이 아니다. 삼반(三反). 보통 그냥 삼성(三省)이다. 則不復也. 복(復)은 복습(復習)인가? 이것은 싸움이 이미 전제된 것이다. 그러니까 이 복(復)은 복수전(復讐戰)이다. 삼비(三非)로써 반(反)하는 것이 아니라면 덤빌 생각도 하지 말라. 안 받아 준다.

그냥 내 맘대로 본 것이다. 독자들은 좀 더 품위 있게 보시길 바란다.

述而 9장
子食於有喪者之側 未嘗飽也 子於是日哭則不歌

子食於有喪者之側. 공자가 밥을 먹는다. 상(喪)이 있는 자(者)의 측(側)에서. 측(側)은 측근(側近). 내가 보기에는 측(側)이 곧 공자이다. 공자가 죽은 자의 측근(側近)이라는 것이다. 죽은 자가 공자의 측근(側近)이라는 말이 아니라, 죽은 자가 공자를 측근(側近)으로 여겼다는 것이다. 그리고 내가 보기에 밥은 그냥 공자가 집에서 먹는 것이다. 未嘗飽也. 아직 배부름을 맛보지 않았다. 내가 보기에는 이것이 밥을 안 먹었다는 얘기인데? 그냥 한 숟가락 뜨고 말았다. 子於是日哭則不歌. 공자가 이 날에 곡(哭)을 하였다. 즉(則) 노래가 아니다. 내가 보기에는 이것이 노래를 하였다는 것인데? 노래를 하였지만 그것이 노래가 아니다. 그것은 곡(哭)이다.

述而 10장

子謂顔淵曰 用之則行 舍之則藏 惟我與爾有是夫 子路曰 子行三軍
則誰與 子曰 暴虎馮河 死而無悔者 吾不與也 必也臨事而懼 好謀而
成者也

子謂顔淵曰. 공자가 안연(顔淵)을 일컬어 말하였다. 用之則行. 용(用)
은 등용(登用). 용(用)하면 즉(則) 행(行)한다. 舍之則藏. 집 사(舍). 이
것이 버린다는 것이 아니다. 山川其舍諸. 옹야4장에서 본 사(舍)와 같
은 사(舍)이다. 이것은 마치 고양이가 발톱 쓰는 기술과 같다. 드러내면
날카롭기가 말할 수 없고, 감추면 또한 부드럽기가 말할 수 없다. 惟我
與爾有是夫. 대저(大抵) 이것은 오직 아(我)와 더불어 그대만이 할 수
있을 것이다. 子路曰. 자로가 말하였다. 子行三軍. 공자께서 삼군(三
軍)을 이끌고 전쟁에 임하신다면. 則誰與. 즉(則) 누구와 더불어 하시겠
는가? 子曰. 공자가 말했다. 暴虎馮河. 호랑이 앞에서 포효하고 황하의
물을 업신여기며. 死而無悔者. 죽어도 후회가 없다는 자와는. 吾不與
也. 나는 더불어 하지 않는다. 必也臨事而懼. 그것이 전쟁이든 섬김이
든 반드시 그 두려움을 알고. 好謀而成者也. 그 도모함을 지극히 하여
그것을 이룩하는 자와 나는 더불어 한다.

述而 11장

子曰 富而可求也 雖執鞭之士 吾亦爲之 如不可求 從吾所好

子曰. 공자가 말했다. 富而可求也. 부(富)는 구(求)할 수 있는 것이다.
雖執鞭之士. 비록 선생질을 하고 있지만. 吾亦爲之. 나도 또한 부자가

되고 싶다. 如不可求. 그러나 선생질을 해서는 부(富)는 구(求)할 수 없는 것과 같다. 從吾所好. 그래도 나는 내가 좋아하는 바를 좇겠다.

述而 12장

子之所愼齊 戰疾

子之所愼齊. 공자의 신중(愼重)히 제(齊)하는 소(所)이다. 戰疾. 전쟁(戰爭)과 질병(疾病)은.

전쟁과 질병은 신중히 제(齊)하였다. 가지런할 제(齊). 아는 척 하기를 신중히 하였다는 것이다. 물론, 아는 척은 상대가 하는 것이다. 상대가 아는 척을 하여도, 신중히 제(齊)하였다는 것이다.

述而 13장

子在齊聞韶 三月不知肉味 曰 不圖爲樂之至於斯也

子在齊聞韶. 자재제(子在齊)가 "공자가 제(齊)나라에 있다"로 번역하는 것이 내가 보기에는 상당히 거북하다. 이유는 모르겠다. 재(在)는 그 있음이 사이언스이다. 오늘날 중국어에서는 별 문제가 없을지 모르지만, 재(在)는 라이프가 아니다. 재(在)는 사이언스이다.

재(在)는 재중(在中)으로 본다. 子在齊. 공자가 가지런함에 재(在)하였다는 것이다. 子(在齊)聞韶. 재제(在齊)는 문(聞)을 꾸며주는 삽입구이다. 소(韶)의 음악에 아주 푹 빠져서 문(聞)하였다는 것이다. 이것은 아

(我)가 재(在)하는 것이다. 그러니까 이것은 거의 무아(無我)이다.

三月不知肉味. 삼 개월을 고기의 맛을 알지 못했다. 曰. 공자가 말했다. 不圖爲樂之至於斯也. 악(樂)의 그러함이 이것에 이르는 것을 미처 도모(圖謀)하지 못했다.

述而 14장

冉有曰 夫子爲衛君乎 子貢曰 諾 吾將問之 入曰 伯夷叔齊 何人也 曰 古之賢人也 曰 怨乎 曰 求仁而得仁 又何怨 出曰 夫子不爲也

冉有曰. 염유(冉有)가 말했다. 夫子爲衛君乎. 대체로 보아서 공자께서 위군(衛君)을 위(爲)하시겠는가? 子貢曰. 자공(子貢)이 말했다. 諾. 허락할 락(諾). 나도 궁금하다. 吾將問之. 내가 장차 물어볼 것이다. 入曰. 입(入)하여 말하였다.

伯夷叔齊 何人也. 백이(伯夷)숙제(叔齊)는 어찌 어떤 사람이다. 야(也)로 마친 것이다. 자공은 똑똑하다. 그 문(問)을 아는 것이다. "아버지가 동생 숙제(叔齊)에게 왕위(王位)를 물려주었으니, 그 형(兄)인 백이(伯夷)가 나라를 떠나는 것은 어쩌면 당연한 것이 아니겠습니까? 그런데 어찌 그 왕위(王位)를 물려받은 동생 숙제(叔齊)가, 그러니까 그 왕위(王位)에 오른 자가, 어찌 나라를 떠날 수가 있겠습니까? 도대체 무슨 나라 꼬락서니가 이렇단 말입니까? 아니 도대체 왕(王)이라는 자가, 그러니까 백성(百姓)을 버리고, 나라를 버리고, 그저 자기 형(兄)을 좇아, 그것도 도망한다는 것이 어찌 말이 되겠습니까? 아버지의 명(命)을 거역

하였으니 이것이 일단 불효(不孝)이고, 백성들을 버렸으니 이것이 이단 불충(不忠)이니, 삼단이야 공자님께서는 어찌 생각하십니까?" 曰. 공자가 말했다. 古之賢人也. 옛날의 현인(賢人)이다. 曰 怨乎. 그래도 원한(怨恨)이야 있지 않았겠습니까? 아무리 종법(宗法)이 지엄하다 하기로, 이루어질 수 없고, 지킬 수 없음에 어찌 원한이야 없었겠습니까? 曰. 공자가 말했다. 求仁而得仁. 인(仁)을 구(求)하여 인(仁)을 득(得)하였으니. 又何怨. 또 무슨 원한(怨恨)이 어찌 있었겠는가? 出曰. 자공이 출(出)하여 말하였다. 夫子不爲也. 대체로 보아서 공자께서는 위(爲)할 생각이 없으시다.

위군(衛君)은 위영공(衛靈公)의 아들 태자(太子) 괴외(蒯聵)로 보인다. 태자(太子)인 괴외가 새엄마인 왕비(王妃) 남자(南子)를 죽이려다 실패하고, 나라 밖으로 도망하였다. 그 얘기에 대한 말씀이다. 왕(王)인 영공(靈公)은 이미 죽을 날이 멀지 않았고, 새엄마인 남자(南子)는 음란하기로 소문이 자자했다. 그래서 괴외(蒯聵)가 왕비(王妃)인 남자(南子)를 죽이려고 했다. 생모(生母)는 아니지만, 그래도 아버지의 아내이고, 그가 이미 왕비(王妃)이니, 어머니인 것이다. 아무튼 복잡한 얘기는 나는 모르고, 김용옥선생의 책을 찾아보시라. 내가 본 것은 그것이 전부이다.

나는 공자가 남자(南子)와 눈이 맞았다고 생각한다. 서로 통하는 바가 있었다고 생각한다. 그러나 그것이 끝이다. 입이 맞고 배가 맞고 하는 것은, 자로(子路)의 오버이다. 괴외(蒯聵)가 남자(南子)를 죽이든 말든 공자는 관심이 없다. '인(仁)을 구(求)하여 인(仁)을 득(得)하였으니,

또 무슨 원한(怨恨)이 어찌 있었겠는가?' 내가 보기에 이것은 좋은 평이 아니다. 물론 나쁜 평도 아니다. 아무튼 관심이 없다. '부자(夫子)는 위(爲)할 생각이 없으시다.' 자공은 진짜 똑똑하다. 자공은 정말 사랑스럽다. 나는 지금까지 자공의 흠을 찾지 못했다. 물론 자공의 그 계집아이 그릇됨에서 말이다.

述而 15장
子曰 飯疏食飮水 曲肱而枕之 樂亦在其中矣 不義而富且貴 於我如浮雲

子曰. 공자가 말했다. 飯疏食飮水. 반소식(飯疏食)은 밥과 소통하는 것을 먹는다는 것이다. 소통할 소(疏). 콩이나 강냉이, 감자, 풀뿌리, 아무튼 먹을 수 있는 것을 아무 것이나 먹고 물을 마시고. 曲肱而枕之. 팔뚝 굉(肱). 팔을 굽혀 그것을 베개로 삼으니. 樂亦在其中矣. 락(樂) 또한 그 중(中)에 재(在)하는 것이다. 의(矣). 의(矣)는 은근하게 주장이나 주관을 나타낸다. 재(在)는 사이언스이다. 不義而富且貴. 의(義)가 아니면서 얻은 부(富)와 귀(貴)는. 於我如浮雲. 아(我)에게는 떠다니는 구름과 같은 것이다.

선생님들의 책에는 소(疏)가 다 소(疏)로 되어 있다. 내가 보는 논어 원문(原文)은 인터넷에서 우연히 구한 출처가 불분명(不分明)한 것이니 선생님들이 우선한다. 물론 내가 아주 무식한 까닭이다. 나는 출처를 못 찾겠다. 죄송하다. 소(疏)이든 소(疏)이든 별 중요하지는 않다. 그렇지만 내가 보기에 소(疏)가 더 맞을 듯싶다. 소(疏)는 인맥관리의 소통

(疏通). 소(疏)는 그냥 소통(疏通).

述而 16장
子曰 加我數年 五十以學易 可以無大過矣

子曰. 공자가 말했다. 加我數年. 가(加)는 더할 가(加). 아(我)를 더하였다. 수년(數年). "두서너 해. 또는 대여섯 해." 공자는 대여섯 해를 벼슬을 하였다. 군수에서 총리까지 초고속 승진을 하였다. 五十以學易. 50의 나이는 학(學)으로써 쉬운 나이이다. 늙음을 알 수 있고, 미루어 죽음을 알 수 있다. 可以無大過矣. 대과(大過)가 없음으로써 가(可)할 것이다.

내가 아무리 초고속으로 아(我)를 가(加)하였지만, 대과(大過)는 없을 것이다. 내가 50이 넘었다. 아(我)를 가(加)하였다는 것은 더 큰 아(我)가 되었다는 것이다. 아무튼 그때 공자가 간덩이가 부었던 것이다. 안 죽은 게 용하다. 나도 공자에게 가(可)를 준다. 아무튼 대과(大過)는 없었다.

述而 17장
子所雅言 詩書執禮 皆雅言也

子所雅言. 아(雅)의 한자사전 훈(訓)은 "맑다, 바르다, 우아하다, 고상하다, 크다, 본다." 굳이 의미를 더하자면, '모범이 되다, 본받을 만하다.'

子所雅言 詩書執禮. 공자께서 모범(模範)이 되어 본받을 만한 말씀으로 말씀하신 바는 시(詩), 서(書), 집례(執禮)이다. 皆雅言也. 이것은 다 말씀 그대로 본받을 만한 말씀이다.

그럼 다른 것은? 다른 것은 다 문(問)하여 문(聞)하여야 하는 것이다. 그냥 본받을 것이 하나도 없다. 그냥 본받아서야 그저 상놈 소리 듣기에 알맞다. 그냥 본받아서야 공자의 욕이 날라 오고, 다음은 회초리이다. 공자의 말을 그대로 따라 해서야 무슨 말인지 하나도 모르겠다. 함부로 아는 척 했다간 친구들 앞에서 욕을 먹으니 쪽팔린다.

述而 18장
葉公問孔子於子路 子路不對 子曰 女奚不曰 其爲人也 發憤忘食 樂而忘憂 不知老之將至云爾

葉公問孔子於子路. 섭공(葉公)의 공(公)이 제후의 공(公)이나 주(周)나라가 아니라 초(楚)나라의 공(公)이다. 초나라가 본시 오랑캐의 땅인 것이다. 주(周) 초(初)에 초(楚)가 대세에 이끌려 주(周)나라의 제후국으로 봉(封)해 졌지만, 얼마를 못 가 자기들도 천자(天子)의 국(國)이라고 왕(王)을 참칭(僭稱)하는 것이다. 마땅히 징벌하여야 하나 주(周)나라가 힘이 없다. 까닭에 주(周)로 보자면 섭공(葉公)은 그저 대부(大夫)인 것이 제후(諸侯)의 명패를 달고 공(公)이라 하는 것이다.

葉公問孔子於子路. 섭공이 자로에 공자를 물었다. '그대에게 공자는 어떤 사람인가?' 子路不對. 자로가 대답하지 않았다. 이것은 너무 뻔한 스토리이다. 섭공이 자로를 마음에 들어 한 것이다. 내가 그대에게 부(富)와 귀(貴)를 줄 것이다. 그러니 그대는 공자를 버리고 내게로 오라. 자로가 거절했다. 섭공은 진심인 것이다. 나는 그대가 정말 좋다. 그대는 내 마음을 모르겠는가? 자로는 이미 말하지 않았다. 섭공이 혼자 말하는 것이다. '그대에게 공자는 어떤 사람인가?' 나는 그대에게 부(富)와 귀(貴)를 줄 수 있는데, 공자는 그대에게 무엇을 줄 수 있겠는가?

子曰. 공자가 말하였다. 女奚不曰. 계집애 같은 놈아. 어찌 왈(曰)하지 않았는가? 공자도 이미 다 안다. 어찌 알겠는가? 자로가 금방 다 말했다. 其爲人也. '그 사람 되고자 함이다.' 發憤忘食. 분(憤)을 발(發)하면 식(食)을 망(忘)하고. 樂而忘憂. 락(樂)에 재(在)하니 우(憂)를 망(忘)한다. 不知老之將至云爾. 노(老)가 장차 이르는 것을 알지 못한다. 云爾. 그대는 어찌 이렇게 대(對)하지 않았는가?

이(爾). 너 이(爾). 이것은 '너'의 존칭이다. '그대'라고 번역하는 것이 옳다. 배타적 아(我)를 썼을 때의 너인 것이다. 배타적 아(我)를 썼음에도 너를 인정한다는 것이다. 이(爾)는 또 다른 나의 아(我)이다. 임금이 신하를 두고 이(爾)라고 하고, 남편이 아내를 부를 때 이(爾)라고 한다. 이(爾)의 배신은 상처를 남긴다. 女. '이 계집애 같은 놈아'로 말을 꺼냈고, 爾. '그대'로 말을 마쳤다. 배신하면 죽는다. 그러나 가고 싶으면 가라.

述而 19장
子曰 我非生而知之者 好古 敏以求之者也

子曰. 공자가 말했다. 我非生而知之者. 아(我)는 나면서부터 아는 자가 아니다. 好古. 고인(古人)들의 도(道)를 호(好)하여. 敏以求之者也. 영민(英敏)하게 그 도(道)를 구(求)함으로써의 지(知)의 자(者)이다.

내가 보기에 공자가 뭘 몰라서 그렇다. 인간들은 모두 태어나면서 이미 아는 자들이다. 모르는 자가 인간세계에 태어나는 일은 없다. 그것은 나의 위대한 신들의 일이니 그런 일은 없다. 나는 진실로 지금까지 모른다고 하는 자를 단 하나도 만나지 못했다.

述而 20장
子不語怪力亂神

子不語怪力亂神. 공자는 괴력(怪力)과 난신(亂神)을 말하지 않았다.

괴력(怪力)은 괴이한 힘이다. 가령 물 위를 걷는다거나, 기도로 앉은뱅이를 고친다거나 뭐 그런 것들이 다 괴력(怪力)이다. 그러니까 예수가 그냥 표본이다. 난신(亂神)은 어지러운 신(神)이다. 그럼 이것은 그냥 내 얘기인데? 이것도 공자가 잘 몰라서 하는 얘기이다. 지가 능력(能力)이 안 되니까 못 하는 것이지, 그걸 안 하는 것이라고 말하면 오해이지 않겠는가? 그럼 왜 말을 하지 않았겠는가? 종(終)을 못 치는 것이다. 종(終)을 마치지 못하는 것은 말하지 않는다. 이것은 당연히 나도 그렇다. 종(終)을 못 치는 것은 나도 말 안 한다. 물론 내가 종(終)을 못 치는 것은 거의 없다. 왜냐하면 나는 난신(亂神)이다. 그것이 본시 난(亂)이다. 종(終)은 당신들이 치는 것이지 내가 치는 것이 아니다.

述而 21장
子曰 三人行 必有我師焉 擇其善者而從之 其不善者而改之

子曰. 공자가 말했다. 三人行. 행(行)은 동행(同行). 必有我師焉. 반드시 아(我)의 사(師)가 있을 것이다. 擇其善者而從之. 그 선(善)의 것을 택(擇)하여 종(從)하고. 其不善者而改之. 그 불선(不善)의 것을 택(擇)하여 개(改)한다.

19장 我非生而知之者. 나는 나면서부터 아는 자가 아니다. 아무래도 공자의 말이 사실인가 보다. 三人行. 나는 이런 수련(修鍊)은 거의 안 했다. 나는 그냥 나 혼자 택(擇)하여 종(從)하고, 나 혼자 택(擇)하여 개(改)하였다. 내가 곧 나의 스승이다. 어찌 3인(人)이 필요하겠는가? 물론 여전히 난(亂)하기는 하다. 부끄럽다.

述而 22장
子曰 天生德於予 桓魋其如予何

子曰. 공자가 말했다. 天生德於予. 천(天)이 덕(德)을 생(生)하였다, 당신이 보고 있는 나에게. 桓魋其如予何. 환퇴(桓魋)라는 인간이 생(生)한 그 덕(德)같은 것은, 당신이 보는 있는 나에게 무엇이겠는가?

그야말로 덕(德)같다는 말씀이다. 덕(德)같지도 않은 것이 덕(德)같이 군다. 뭐 그런 말씀이겠다. 그래서 환퇴(桓魋)가 공자를 죽이려고 했다. 진짜로 덕(德)같구나. 그래서 공자를 죽이려 했다.

나 여(予). 여(予)는 상대가 우선하여 상대가 보는 나이다. 그럼 여(余)는? 상대가 우선하여 내가 보는 나? 아무튼 아(我)와 오(吾)는 내가 우선하는 나이다. 아(我)는 내가 우선하여 내가 보는 나. 오(吾)는 내가 우선하여 상대가 보는 나. 내가 보기엔 그런 듯싶다.

述而 23장
子曰 二三者 以我爲隱乎 吾無隱乎 爾吾無行而不與二三者者 是丘也

子曰. 공자가 말했다. 二三者 以我爲隱乎. 이삼자(二三者)가 아(我)로서 숨은 뜻을 이루려 하는가? 吾無隱乎. 나는 숨은 뜻이 없다니까? 爾吾無行而不與二三者者. 나는 행(行)할 생각이 없으니 그대는 이삼자(二三者)와 더불어 하지 말라. 是丘也. 이것은 구(丘)이다.

是丘也. 시(是)는 공자 자신으로 본다. '나는 구(丘)이다.' 아마도 유랑에서 돌아오고 바로인 듯싶다. 복수(復讐)를 하자. 원한(怨恨)을 풀자. 문도(門徒)에게 어찌 그런 마음이 없었겠는가. 이(爾)는 자로(子路)로 보인다. 자로(子路)가 안 한다면 거병(擧兵)은 못한다. 공자가 자로에게 말하는 것이다. 이삼자(二三者)가 실제로 모인 것은 아니다. 삼자(三者)는 공자가 유랑(流浪)할 때의 노나라에 남겨진 제자들의 제자이다.

선생님들 책에는 이삼자(二三子)로 되어 있는데, 출처를 알지 못하는, 내가 보는 논어는 이삼자(二三者)로 되어 있다. 아무래도 공자가 지금 상황에서 자기 새끼라 하여도 자(子)를 붙이지는 않았을 듯싶다. 이자

(二者)는 공자의 제자이고, 삼자(三者)는 공자의 제자의 제자이다. 물론 자(子)이든 자(者)이든 상관없다.

述而 24장

子以四敎 文行忠信

子以四敎文. 공자가 문(文)을 네 차례 교(敎)함으로써. 行忠信. 충(忠)과 신(信)을 행(行)하였다.

이게 뭔 소리인지 학이편에서 다 본 것이다. 시험을 봤다는 것이다. 과연 충(忠)하였는지, 과연 신(信)하였는지, 과연 뭘 알고서 아는 척을 하는지, 시험을 봤다는 것이다. 시험 보면 다 안다.

述而 25장

子曰 聖人 吾不得而見之矣 得見君子者 斯可矣 子曰 善人 吾不得而見之矣 得見有恒者 斯可矣 亡而爲有 虛而爲盈 約而爲泰 難乎有恒矣

子曰. 공자가 말했다. 聖人 吾不得而見之矣. 내가 성인(聖人)을 득(得)하지는 못했지만, 내가 성인(聖人)을 알아볼 수는 있다. 得見君子者. 성인(聖人)을 알아볼 수 있음을 득(得)하였으니, 군자(君子)라는 자(者)도 알아볼 수 있는 것이다. 斯可矣. 이것은 가(可)한 것이다. 子曰. 공자가 말했다. 善人 吾不得而見之矣. 내가 선인(善人)을 득(得)하지는 못했지만, 내가 선인(善人)을 알아볼 수는 있다. 得見有恒者. 선인(善人)을 알아볼 수 있음을 득(得)하였으니, 유항(有恒)한 자(者)도 알아볼 수 있는 것이다. 斯可矣. 이것은 가(可)한 것이다. 亡而爲有. 망(亡)이면서 유(有)를 이루고. 虛而爲盈. 허(虛)이면서 영(盈)을 이루고. 約而爲泰. 약(約)이면서 태(泰)를 이루니. 難乎有恒矣. 난제(難題)로다. 항(恒)이 유(有)함이여.

제자들의 시험 성적에 대한 공자의 잔소리이다. 그런데 유항(有恒)은 뭔 말인가? 항(恒)은 항상(恒常)의 항(恒)이다. 항(恒)은 공간이고 상(常)은 시간이다. 항(恒)은 사이언스이고 상(常)은 라이프이다. 선(善)이 사이언스이니 선인(善人)은 사이언티스트이다. 사실 나는 선인(善人)이다. 나는 사이언티스트이다. 내가 아는 유일한 성인(聖人)은 오직 세존(世尊)이시다. 공자는 그냥 군자(君子)이다. 그런데 내가 선인(善人)인데 유항자(有恒者)는 뭔 말인가? 항(恒)이 유(有)한다는 얘기는 나는 들어보지 못했다. 항(恒)은 존(存)한 것이다. 재(在)도 아니고 항(恒)이 어찌 유(有)하는가? 아무리 생각해도 유항(有恒)이 좋은 의미로 쓰인 것이 아닌 듯싶다. 항(恒)을 유(有)하는 자(者)는 망(亡)이면서 유(有)를 이루는 자와 같아 보인다. 같은 의미로 보아야 한다. 망(亡)이면서 유(有)를 이루는 자가 곧 유항자(有恒者)이다. 이건 진짜 난제(難題)인데. 이것은 공자급이 해결할 수 있는 문제가 아니다.

述而 26장
子釣而不網 弋不射宿

子釣而不網. 낚을 조(釣). 그물 망(網). 낚시질은 하지만 그물질은 안한다. 뭔 말인지 알겠는가? 사람을 낚는 어부의 얘기는 들어보았는가?

낚시 바늘에 와서 무는 놈만 낚는다는 것이다. 그물질하여 인간(人間) 들을 건지지는 않는다. 그물질하여 인간(人間)들을 구원(救援)하지는 않는다.

弋不射宿. 주살 익(弋). 주살. "활쏘기의 기본자세를 연습할 때, 오늬와 시위를 잡아매고 쏘는 화살." 쏠 사(射). 잘 숙(宿). 잠자는 놈을 깨우기는 하지만 잡지는 않는다는 것이다. 잠자는 놈을 잡아서는 감당을 못한다. 나도 못한다. 그 누구도 못한다. 하늘나라에 어떤 인간들이 살고 있는지 당신들이 아는가? 그곳은 아주 살벌하고 아주 무서운 곳이다. 당신들이 지금 그냥 가서야 단 1초도 살아남지 못할 것이다. 뻥이 좀 과하지만 거짓말이 아니다.

述而 27장
子曰 蓋有不知而作之者 我無是也 多聞 擇其善者而從之 多見而識之 知之次也

子曰. 공자가 말했다. 蓋有不知而作之者. 가령 지(知)가 아닌 것을 가지고, 지(知)가 유(有)하다 작(作)하는 자(者)가 있다. 我無是也. 아(我)는 그런 자가 아무리 지(知)를 자랑하여도, 그러한 자에게 지(知)가 있다고 생각하지 않는다. 多聞. 많이 물어라. 擇其善者而從之. 많이 물어서 그 선(善)을 택(擇)하여, 종(從)하라. 多見. 많이 찾아보라. 多見而識之. 많이 찾아봐서 그 선(善)을 택(擇)하여, 식(識)하라. 知之次也. 안다고 하는 것은, 진정 그 지(知)를 득(得)한 다음의 일인 것이다.

종(從)은 좇을 종(從). 식(識)은 알 식(識). 인식(認識). 지(知)와 식(識)이 어찌 다른가? 지(知)는 합리가 우선하고, 식(識)은 경험이 우선한다. 말씀은 어려운 말씀이다.

述而 28장
互鄕難與言 童子見 門人或 子曰 與其進也 不與其退也 唯何甚 人潔己以進 與其潔也 不保其往也

互鄕難與言. 호향(互鄕)은 씨족사회를 이루는 마을로 보인다. 외부와의 접촉이 없는 것이다. 말이 통하지 않는다. 童子見. 그런데 공자가 동자(童子)를 견(見)하였다는 것이다. 견(見)의 의미로 보자면, 네가 말하는 것을 나도 안다. 서로 다른 말을 하는데, 공자와 동자가 서로 말이 통한다는 것이다. 門人或. 문인(門人)이 혹(或)하였다. 혹(或), 공자께서 괴력(怪力)을 쓰시는가? 어찌 방언(方言)을 아시는가? 子曰. 공자가 말하였다. 與其進也. 그 진(進)과 더불어 한 것이다. 不與其退也. 그 퇴(退)와 더불어 한 것이 아니다. 唯何甚. 오직, 어찌 심(甚)하다고만 하겠는가? 人潔己以進. 결(潔)은 순결(純潔)의 결(潔)이다. 순(純)은 순수(純粹)의 순(純)이다. 결(潔)은 청결(淸潔)의 결(潔)이다. 사람은 자기가 결(潔)로 나아가면. 與其潔也. 그 사람도 결(潔)로 더불어 한다. 不保其往也. 기(其) 왕(往)은 보(保)가 아니다. 기왕(其往)은 수구(守舊).

진(進)과 보(保)가 나왔다. 진보(進步)와 보수(保守). '수구(守舊)는 보수(保守)가 아니다.' 아마도 유랑(流浪)할 때의 일이겠다.

述而 29장

子曰 仁遠乎哉 我欲仁 斯仁至矣

子曰. 공자가 말했다. 仁遠乎哉. 인(仁)이 먼 곳에 있다고 하겠는가?
재(哉). 정말 그렇구나. 너에게는 정말 먼 곳에 있구나. 我欲仁. 아(我)
는 인(仁)을 욕(欲)한다. 斯仁至矣. 이것이 인(仁)이 이르는 것이다.

이를 지(至). 지(至)는 자동사(自動詞)이다. 인(人)이 인(仁)이 되는 법
(法)은 없다. 인(仁)이 인(人)이 되는 것이다. '그 사람 되고자 함이다.' 사
람이 먼저 되시라. 사람 되기를 먼저 욕(欲)하시라. 그것이 인(仁)이 이
르는 것이다.

述而 30장

陳司敗問 昭公知禮乎 孔子曰 知禮 孔子退 揖巫馬期而進之曰 吾聞
君子不黨 君子亦黨乎 君取於吳 爲同姓 謂之吳孟子 君而知禮 孰不知
禮 巫馬期以告 子曰 丘也幸 苟有過 人必知之

陳司敗問. 사패(司敗)가 진(陳)나라의 법무부장관쯤 되는 관직명(官
職名)이라는데, 그럼 이것이 공자의 대사구(大司寇)의 벼슬과 같은 것이
다. 그런데 왜 패(敗)를 쓰는가? 노(魯)나라는 도적 구(寇)를 썼거늘, 어
찌 패할 패(敗)를 쓰는가? 그럼 이것이 국방부장관쯤 되는 것이 아닌가?
그럼 이것이 경찰이 아니라 군인이 인민(人民)의 안위(安危)를 담당한다
는 것이 아닌가? 하여튼 이것이 오랑캐들이나 하는 짓이다. 사패(司敗)
가 진(陳)나라와 초(楚)나라에서 썼던 관직명이라고 하니, 이것이 필시

오랑캐이다. 아니면 말고.

陳司敗問. 진(陳)의 사패(司敗)가 물었다. 昭公知禮乎. 소공(昭公)이 예(禮)를 알았는가? 소공(昭公)의 지(知)가 예(禮)인가? 孔子曰. 공자가 말하였다. 知禮. 예(禮)를 알았다. 그 지(知)는 예(禮)이다. 소공(昭公)은 공자가 벼슬을 하기 전에 삼환(三桓)에게 덤비다가 쫓겨난 노(魯)나라의 왕(王)이다. 이 오랑캐들은 어찌 신(臣)이 왕(王)의 예(禮)를 따지는가? 孔子退. 공자가 물러났다. 퇴(退). 더 할 말이 없다. 자(子)가 아니라 공자(孔子)이니 이미 배타적 아(我)를 쓴 것이다. 揖巫馬期而進之曰. 사패(司敗)가 무마기(巫馬期)에 읍(揖)하여, 진일보(進一步)하여 말하였다. 당신의 선생께서는, 어찌 사람이 말을 하는데, 도중(途中)에 나가시는가? 吾聞君子不黨. 내가 알기로, 군자(君子)는 부당(不黨)하다 하였거늘. 君子亦黨乎. 군자(君子)가 또한 당(黨)하는가? 君取於吳. 군(君)이 오(吳)에서 취(取)하여. 爲同姓. 동성(同姓)을 이루니. 謂之吳孟子. 일컫기를 오맹자(吳孟子)라 하지 않았는가? 君而知禮. 군(君)이 예(禮)를 안다면. 孰不知禮. 누가 예(禮)를 알지 못하겠는가? 공자의 퇴(退)가 그냥 퇴(退)가 아니다. 안 들어도 다 안다. 다 안다니깐? 巫馬期以告. 무마기(巫馬期)가 굳이 공자에게 고(告)하였다. 왜 굳이 고(告)하였냐면, 나도 알고 싶다. 子曰. 공자가 말했다. 丘也幸. 행(幸)은 행복(幸福)이 아니라 다행(多幸)이다. 행(幸)이 본시 다행(多幸)의 행(幸)이다. 苟有過. 정말로 과(過)가 유(有)하였는데. 人必知之. 인간들이 반드시 아는 척을 하는구나. 그럼 이제 나는 과(過)가 무(無)하다. 그래서 다행(多幸)이다.

공자가 퇴(退)하니, 사패(司敗)가 소공(昭公)은 군(君)으로 격(格)을 낮

췄고, 공자는 군자(君子)로 오히려 격(格)을 높였다. 낮춤으로 낮추고, 높임으로 또 낮춘다. 오랑캐들이 안다고 하는 그 지(知)의 지(知)가 보통 다 이렇다. 내가 보기에 퇴(退)가 그냥 무난(無難)하다. 오맹자(吳孟子) 얘기는 선생님들의 책을 찾아보시라. 소공(昭公)이 오(吳)나라에서 부인(夫人)을 취(取)하였는데 이것이 동성(同姓)이란다. 오(吳)나라의 시조(始祖) 태백(太伯)이 문왕(文王)의 삼촌이라는데, 노(魯)나라의 시조(始祖) 주공(周公)은 문왕(文王)의 아들이다. 그러니까 아무튼 동성(同姓)이 맞겠다. 동성불혼(同姓不婚). 그러니까 소공(昭公)이 예(禮)를 아는 까닭에 부인(夫人)의 성(姓)을 오맹자(吳孟子)로 바꿔 부르게 한 것이 아닌가. 내가 보기에 퇴(退)가 그냥 무난(無難)하다. 솔직히 싸우면 못 이긴다.

述而 31장
子與人歌而善 必使反之 而後和之

子與人歌而善. 공자가 사람들과 더불어 할 때 노래를 했는데, 그것이 선(善)하였다는 것이다. 선(善)은 사이언스이다. 누가 들어도 잘 부른다는 것이다. 공자가 노래도 잘했나 보다. 必使反之. 반드시 시켰다. 반(反)은 선(善)의 반(反)이다. 그러니까 노래 못 부르는 사람에게 반드시 노래를 시켰다는 것이다. 그 사람이 노래 못 부르는 줄 공자도 알고 사람들이 이미 다 안다. 그런데 반드시 시켰다는 것이다. 而後和之. 이후(而後). 그리고 나서, 화(和)하였다는 것이다. 노래 잘 부르고 못 부르고를 따질 아무런 필요성을 느낄 수 없게끔 화(和)하였다는 것이다.

述而 32장

子曰 文莫吾猶人也 躬行君子 則吾未之有得

子曰. 공자가 말했다. 文莫吾猶人也. 막(莫)은 다 찾아보고 결과적으로 없다는 것이다. 문(文)은 내가 오히려 남들보다 없다. '문(文)을 나보다 잘 아는 자(者)는 분명히 없다.' 아무튼, 이게 정확한 해석이다. 다 찾아봤는데 결과적으로 없다는 것이다. 유(猶)는 인(人)을 꾸며 주는 말이다. 알면서도 모르는 척 하고, 모르면서도 아는 척 하는. 아무튼 유(猶)에서 그런 의미를 찾을 수 있다. 躬行君子. 궁(躬)은 아(我)의 몸이다. 신(身)은 오(吾)의 몸이고, 궁(躬)은 아(我)의 몸이다. '궁(躬)이 군자(君子)를 행(行)한다.' 則吾未之有得. 즉(則), 아(我)의 궁(躬)은 아직 군자(君子)를 행(行)하지 못함의 득(得)이 유(有)하다.

이게 무슨 소리냐 하면, 내가 세상에서 제일 잘 났는데, 내가 아직 군자(君子)가 아니다. 내가 아직 군자(君子)가 아니지만, 군자(君子)를 득(得)함을 유(有)하였다. 내가 일부러 글을 어렵게 쓰는 거 아니다. 나는 유(有)를 좋아하지 않는다. 나의 아(我)는 유(有)를 좋아하지 않는다. 왜냐하면 유(有)는 사이언스가 아니다. 유(有)는 라이프이다. 내가 아는 유일한 성인(聖人)은 세존(世尊)이시다. 오직 세존(世尊)만이 라이프의 유(有)를 벗어나셨다. 나도 벗어나고 싶다. 문(文)은 나도 세존(世尊)만큼 안다고 할 수 있다. 그러나 나의 궁(躬)은 아직 아니다. 앞에서 말하지 않았는가? 25장, 내가 성인(聖人)은 아니지만 성인(聖人)을 알아볼 수 있다고. 칼국수 하면 수제비 당연히 하는 것이다. 군자(君子)를 알아보는 것이야 그냥 척 보면 척이다. 有得. 득(得)을 유(有)하였다는 것이다. 라이프에서 공자를 군자(君子)가 아니라고 말하여 그 지(知)를 지(知)라고 선(善)의 사이언스에서 무(無)함을 반(反)할 수 있는 인간은 단 하나도 없다. 무슨 말인가 하면 공자가 나는 군자(君子)이다 인간들을 속여도 인간들은 모른다는 얘기이다. 왜냐하면 인간들이 유(有)한 까닭이다. 인간이 라이프이다. 라이프는 유(有)할 뿐이다. 유(有)는 무(無)와 같은 말이다. 모든 유(有)는 무(無)이다. 결국에 무(無)이다. 공자(孔子)가 군자(君子)를 득(得)하였는데, 아직은 유(有)할 뿐이라고 한다. 이 말씀은 그런 말씀인데, 이게 겸손의 말씀인지는 내가 잘 모르겠다. 내가 알기로 공자는 겸손과 거리가 멀다. 겸손은 내가 더 겸손하다. 부끄럽다.

文莫吾猶人也. 문(文)이 나는 오히려 남들보다 아는 게 없다. 躬行君子. 궁(躬)이 군자(君子)를 행(行)하는 것은. 則吾未之有得. 나는 아직 재(在)의 득(得)이 아니라 유(有)의 득(得)이다. 아무튼 나는 노력하는 중이다. 아무튼 이 말씀은 그런 말씀이다.

述而 33장
子曰 若聖與仁 則吾豈敢 抑爲之不厭 誨人不倦 則可謂云爾已矣 公西華曰 正唯弟子不能學也

子曰. 공자가 말했다. 若聖與仁. 약(若)은 만약(萬若). 만약에 내가 내 입으로 '나는 성인(聖人)이다', '나는 인자(仁者)이다' 말한다면. 則吾豈敢. 즉(則), 내가 어찌 감(敢)히 감당(堪當)하겠는가? 抑爲之不厭. 누를 억(抑). 내가 감당할 수 없기에, 억누르는 것이다. 억누르고. 聖爲之

不厭. 성(聖)의 이루고자 함에 염증(厭症)내지 않고. 仁爲之不厭. 인(仁)의 이루고자 함에 싫증내지 않는 것이다. 誨人不倦. 남들을 깨우치기에 게으르지 않는 것이다. 則可謂云爾已矣. 즉(則), 그대가 이미 운(云)한 일컬음이 가(可)하다. "나는 성인(聖人)이다. 내가 성인(聖仁)인 것은 맞지만, 내 입으로 그렇다고는 말은 못한다. 다만 나는 행동으로 보일 뿐이다." 이게 말이여 당나귀여? 公西華曰. 공서화(公西華)가 말하였다. 내가 보기에 공서화(公西華)가 말은 이미 진작 한 것이다. 若聖與仁 則吾豈敢. 이게 공서화가 이미 한 말을 공자가 받은 말이다. "공자(孔子)께서는, 어찌 스스로 성인(聖人)이라 말씀하시지 않으십니까? 그렇게 스스로 말씀하시면, 다른 사람들이, 공자님 말씀을 성인(聖人)의 말씀으로, 더 귀(貴)하게 더 중(重)하게, 공자님 말씀을 받지 않겠습니까? 그 귀(貴)한 말씀들을, 왜 남들이, 귀담아 듣지 않고, 그냥 흘려보내는 것을, 왜 그냥 두고만 보십니까?" 뭐 이런 얘기를 공서화가 이미 한 것이다. 公西華曰. 공서화가 말하였다. 正. 무슨 말씀이신지 바로 알겠습니다. 唯弟子不能學也. 불손한 질문을 한 것은, 오직 제자가 학(學)이 능(能)하지 못한 까닭이옵니다.

述而 34장

子疾病 子路請禱 子曰 有諸 子路對曰 有之 誄曰 禱爾于上下神祇
子曰 丘之禱久矣

子疾病. 보통, 질(疾)은 겉에 보이는 것이 질(疾)이고, 병(病)은 속에 보이지 않는 것이 병(病)이다. 子疾病. 그런데 공자가 질(疾)과 병(病)이 같이 들었다. 그럼 이것은 늙음의 병(病)인 것이다. 약이 없다. 子路請

禱. 도(禱) 빌 도(禱). 자로(子路)가 빌기를 청(請)하였다. 子曰. 공자가 말했다. 有諸. 있겠는가? 이것은 빌 곳이 있겠는가를 물은 것이다. 늙고 병듦을 누구에게 빌어 고치겠는가? 子路對曰. 자로가 대(對)하여 말하였다. 有之誄. 뢰(誄)는 애도할 뢰(誄). 있으니까 뢰(誄)가 있는 것입니다. 뢰(誄)가 무슨 축문(祝文)이라 하는데, 나는 잘 모르겠다. 그런데 이런 건 죽은 사람한테나 통하는 것이다. 공자는 아직 안 죽었다. 죽은 사람을 살리는 축문(祝文)은 있지만, 산 사람을 안 죽게 만드는 축문(祝文)은 없다. 그리고 자로(子路)여! 그대가 먼저 죽는다. 내가 보기에 그것은 이미 정해졌다. 자로를 살려두면 안 된다. 그러면 공자가 죽는다. 曰. 자로가 말하였다. 禱爾于上下神祇. '그대를 위하여 상(上)의 신(神)과 하(下)의 기(祇)에게 비노라.' 땅 귀신 기(祇). 훈(訓)이 땅 귀신이지만 이것은 그냥 천사(天使)이다. 가장 높은 신(神)과 가장 낮은 천사(天使)에 이르기까지 다 빈다는 것이다. 자로(子路)가 제대로 배우지 못한 것이다. 지금 상황에서 이것은 그냥 얼른 죽으라는 소리밖에 안 된다. 子曰. 공자가 말했다. 丘之禱久矣. 구(丘)가 얼른 죽기를 빈 것은 이미 오래이다.

述而 35장
子曰 奢則不孫 儉則固 與其不孫也 寧固

子曰. 공자가 말했다. 奢則不孫. 즉(則)의 접속사는 앞의 말과 뒤의 말이 동격(同格)이다. 천칭(天秤)의 저울과도 같다. 그렇게 해석을 해야 한다. 사(奢)가 곧 불손(不孫)이다. 손(孫)은 자손(子孫). 儉則固. 검(儉)이 곧 고(固)이다. 고(固)는 견고(堅固). 與其不孫也. 부자이지만 사치해서 자손에게 아무것도 물려줄 게 없는 것보다는. 寧固. 가난하지만 차라리 검소해서 자손에게 가난을 물려주는 것이 더 낫다는 것이다.

이것은 공자 자신의 얘기이다. 공자가 참으로 검(儉)해서 그 후손(後孫)들이 그야말로 지지리 궁상(窮狀) 가난에 찌들어 살았다. 그러나 그것이, 그 고(固)가, 2500년을 살아남게 만든 것이다. 굳이 예를 들자면, 사(奢)는 예수이다. 내가 보기에 예수에게 후손(後孫)은 없다. 내가 없다면 없다. 물론 내가 진실만을 말하는 것은 아니다.

述而 36장
子曰 君子坦蕩蕩 小人長戚戚

子曰. 공자가 말했다. 君子坦蕩蕩. 탄(坦) 평탄할 탄(坦). 평탄(平坦). 탄(坦)의 글자가 흙 토(土)와 아침 단(旦)의 형성문자이다. 그냥 느낌으로 보자면 이것은 지평선(地平線)과 관계된 것이다. 광활(廣闊)한 평야(平野). 느낌은 그렇다. 탕(蕩). 방탕할 탕(蕩). 이것이 탕자(蕩子)의 탕(蕩)이 아닌가? 그것도 탕탕(蕩蕩). 헤매고 또 헤맨다. 君子坦蕩蕩. 군자(君子)는 광야(廣野)에서 헤매고 또 헤맨다. 예수는 40일을 헤맸고, 세존은 6년을 헤맸다. 그냥 헤매는 것이 아니라, 헤매고 또 헤맨다. 말씀은 그렇다.

小人長戚戚. 장(長). 이것이 장수(長壽)의 장(長)이겠는가? 내가 보기엔 가방끈의 장(長)이다. 가방끈이 길다는 것이다. 나는 하버드 박사이다. 뭔 놈의 그런 아는 척(戚)이 많은지, 사돈에 팔촌에, 이종사촌(姨從

四寸)의 외숙모(外叔母)의 외당숙(外堂叔)까지는 그래도 좀 알아야 아는 척(戚)을 할 수 있겠는가? 소인(小人)들의 아는 척 하기가 참으로 어렵다. 공부 많이 해야 한다. 일단 가방끈이 장(長)해야 한다. 소인(小人)들은 일단 그래야 알아준다. 척척(戚戚)은 그런 척(戚)이다.

述而 37장
子溫而厲 威而不猛 恭而安.

이것이 누구의 기록인지는 모르겠지만, 이것이 소인(小人)의 장(長)이다. 볼 필요가 없다. 子溫而厲. 선생께서는 따뜻하면서도 매몰찼고. 威而不猛. 엄격하였지만 사납지는 않았고. 恭而安. 공손하였지만 편안하시었다. 공(恭)은 거의 비굴(卑屈)에 가깝게 보면 된다. 안(安)은 안정(安定).

泰伯

泰伯 1장
子曰 泰伯 其可謂至德也已矣 三以天下讓 民無得而稱焉

子曰. 공자가 말했다. 泰伯. 태백(泰伯)은 주(周) 무왕(武王)의 백조부(伯祖父)란다. 큰할아버지. 장자(長子)이니 왕위(王位) 계승권이 우선하지만, 제후(諸侯)인 아버지와 인민(人民)들의 미래를 위하여 막내 동생인 무왕(武王)의 조부(祖父) 계력(季歷)에게 왕위(王位)를 양보(讓步)했다고 한다. 그러니까 계력(季歷)이 문왕(文王)의 아버지인 것이다. 태백(泰伯)은 문왕(文王)의 큰아버지.

其可謂至德也已矣. '그것은 덕(德)에 이르렀다고 일컬을 수 있다고 하겠다.' 이미 이(已). 이것은 공자가 일컫는 것이 아니다. 이미 남들이 그렇다고 말하는데 공자가 그것에 동의한다는 것이다. 태백(泰伯)에 동의하는 것이 아니라, 그렇다고 말하는 인민(人民)들에 동의하는 것이다. 三以天下讓. 천하(天下)를 양보(讓步)하였다? 그때 주(周)나라는 은(殷)나라에 속하는 변방의 제후(諸侯)의 나라이다. 무슨 천하(天下)를 어떻게 양보하나? 써 이(以). 천하(天下)로써 양보(讓步)하였다. 말은 바로 해야 한다. 아직 천하(天下)는 은(殷)나라의 것이다. 천하(天下)를 얻고자 하는 아버지인 태왕(太王)의 뜻을 받들고, 그 인민(人民)들의 더 나은 미래를 위하여 제후(諸侯)의 왕위를 양보하였다. 삼(三)은 삼사(三思)다. 民無得而稱焉. 인민(人民)들은 그가 천하(天下)의 위(位)를 득(得)함이 무(無)함에도 천자(天子)와 같다고 칭(稱)한다는 것이다. 막내 동생인 계력(季歷)은 제후(諸侯)의 왕(王)이 아니라 천자(天子)의 왕(王)이 되었다. 물론 죽어서 추존(追尊)된 것이지만. 응? 이 태백(泰伯)이 술이 30장에서 본 오(吳)나라 시조(始祖) 그 태백(泰伯)이네? 죄송하다. 내가 좀 많이 무식하다. 그럼 그나마 제후(諸侯)의 위(位)는 있지만, 그래도 천자(天子)의 위(位)는 무(無)하다.

泰伯 2장
子曰 恭而無禮則勞 愼而無禮則葸 勇而無禮則亂 直而無禮則絞 君子篤於親 則民興於仁 故舊不遺 則民不偸

子曰. 공자가 말했다. 恭而無禮則勞. 공(恭)하면서 예(禮)가 무(無)하다면 즉(則), 공(恭)은 그냥 로(勞)이다. 愼而無禮則葸. 신(愼)하면서 예(禮)가 무(無)하다면 즉(則), 신(愼)은 그냥 사(葸)이다. 사(葸). 눈 휘둥그레할 사(葸). 勇而無禮則亂. 용(勇)하면서 예(禮)가 무(無)하다면 즉(則), 용(勇)은 그냥 란(亂)이다. 直而無禮則絞. 직(直)하면서 예(禮)가 무(無)하다면 즉(則), 직(直)은 그냥 교(絞)이다. 교(絞). 목맬 교(絞). 자살행위이다. 君子篤於親. 군자(君子)는 친(親)에 도탑다. 친(親)은 친예(親禮). 친인(親仁)을 보지 않았는가? 같이 보면 되겠다. 군자(君子)가 예(禮)를 이루고자 근(近)하면. 則民興於仁. 즉(則) 인민(人民)들도 인(仁)과 친(親)해지기를 더불어 한다. 故舊不遺. 구(舊)는 구원(舊怨)이다. 유(遺)는 유산(遺産). 군자(君子)가 오래된 원한(怨恨)을 유산(遺産)으로 받지 않으면. 則民不偸. 즉(則) 민(民)이 투(偸)하지 않는다. 투(偸). 훔칠 투(偸). 이것은 물건을 훔치는 것이 아니다. 원(怨)에 따른 복(復)이다. 인민들도 원수(怨讐)를 갚으려고 하지 않는다.

泰伯 3장
曾子有疾 召門弟子曰 啓予足 啓予手 詩云 戰戰兢兢 如臨深淵 如履薄冰 而今而後 吾知免夫 小子

曾子有疾. 여기서 증자(曾子)는 공자(孔子)가 죽었기에 증자(曾子)인 것이다. 학이편의 증자(曾子)와 다르다. 그냥 이자(二子)의 자(子)이다. 曾子有疾. 증자(曾子)가 질(疾)이 있다. 증자는 오래 살았나? 내용을 보자면 이게 죽을 때 하는 말인데? 아마도 증자는 늙어서 별로 앓지도 않고 금방 죽은 듯싶다. 늙었더라도 오래 앓으면 병(病)을 같이 써야 한다.

召門弟子曰. 증문(曾門)의 제자(弟子)를 불러 말하였다. 제자(弟子)는 제자(弟子)이다. 이것은 복수가 아니라 단수이다. 문중(門中)에서 가장 똑똑한 놈이 제자(弟子)이다. 증자가 죽고 문중(門中)을 맡길 수 있는 놈이 제자(弟子)이다. 啓予足. 계(啓)는 계몽(啓蒙). 여(予)는 상대가 우선하여 상대가 보는 나이다. 나의 발을 계몽하고. 啓予手. 나의 손을 계몽하라. 나의 족(足) 행적(行蹟)을 계몽하고, 나의 수(手) 저술(著述)을 계몽하라. 계몽(啓蒙). "지식수준이 낮거나 인습에 젖은 사람을 가르쳐서 깨우침." 詩云. 전전긍긍(戰戰兢兢) 여임심연(如臨深淵) 여리박빙(如履薄冰). 내가 보기에 이 인간이 대단히 소심한 인간이다. 돌다리도 두드려라. 이것이 공자의 가르침이 아닌 것은 아니지만, 그러나 그렇다고 말하기도 상당히 어려운 것이다. 내가 보기에 이 제자(弟子)가 증자(曾子)를 계몽(啓蒙) 못한다. 그런데 이 제자(弟子)는 누구인가? 자사(子思)인가? 설(說)에 의하면 증자(曾子)가 효경(孝經)을 지었다고 하고, 자사(子思)가 중용(中庸)을 지었다고 한다. 계몽(啓蒙). 열 계(啓). 어두울 몽(蒙). 어둠을 열라고 하였는데 자사(子思)는 더 깊은 어둠에 빠졌다. 而今而後. 금생(今生)이든 후생(後生)이든. 吾知免夫小子. 오(吾)는 대저(大抵) 소자(小子)를 면(免)하였음을 안다. 오(吾)의 지(知)는 대체로 보아서 소자(小子)는 면(免)했다.

泰伯 4장

曾子有疾 孟敬子問之 曾子言曰 鳥之將死 其鳴也哀 人之將死 其言也善 君子所貴乎道者三 動容貌 斯遠暴慢矣 正顔色 斯近信矣 出辭氣 斯遠鄙倍矣 籩豆之事則有司存

曾子有疾. 증자(曾子)가 질(疾)이 있다. 孟敬子問之. 맹경자(孟敬子)가 그것을 물었다. 맹경자(孟敬子)는 맹무백(孟武伯)의 아들이란다. 공자에게 효(孝)를 문(問)한 어린 맹무백(孟武伯)을 보았는데, 그 아들이 이미 맹씨(孟氏)의 종주(宗主)가 되었구나. 세월이 많이도 흘렀다. 아마도 공자가 죽은 지도 얼추 40년은 넘었을 것이다. 曾子言曰. 언(言)은 유언(遺言)이다. 맹경자가 물은 것이다. 내게 남길 말이 있는가? 증자가 말했다. 鳥之將死. 새는 장차 죽을 때에는. 其鳴也哀. 그 울음이 슬프고. 人之將死. 사람은 장차 죽을 때에는. 其言也善. 그 말이 선(善)하다. 君子所貴乎. 여기서 군자(君子)는 맹경자이다. 그럼 이게 선(善)한 말이 아닌데? 선(善)은 사이언스이다. 라이프가 아니다. 그럼에도 이것이 선(善)하다 하는 것은 증삼(曾參)이 자(子)를 쓰는 까닭이다. 증삼이 자(子)라면 맹경자도 군자(君子)이다. 증삼은 공자의 제자(弟子)가 아니다. 공자의 제자(弟子)는 안회(顔回)가 유일하다. 안회가 죽고, 공자가 죽고, 길은 끊겼다. 공자가 죽고 공자의 도(道)는 끊긴 것이다. 내가 보기에 공야장까지는 안회(顔回)가 편집을 하였다. 옹야부터는 분위기가 사뭇 다르다. 물론 편집이야 공자님의 하느님이 했겠지만, 내가 이 대부(大夫)의 도(道)까지 설(說)을 해야 한다니, 앞날이 막막하다. 道者三. 도(道)는 일(一)이다. 군자(君子)와 귀(貴)의 길은 오직 하나이다. 動容貌. 용(容)은 용납(容納). "너그러운 마음으로 남의 말이나 행동을 받아들임." 모(貌)는 모습. "사람의 생긴 모양" 동(動)은 움직일 동(動). 사람의 생긴 모양을 용납(容納)하는 것을 움직여라. 斯遠暴慢矣. 사(斯)는 이 사(斯). 이것은 폭거(暴擧)와 거만(倨慢)을 멀리 한다. 正顔色. 얼굴색을 바르게 하라는 게 아니다. 바르게 얼굴색을 하라는 것이다. 그러니까 얼굴색을 올바르게 하라는 것이다. 그 말이 그 말이 아니냐, 이어지는 말이 같지 않은 까닭에 하는 말이다. 斯近信矣. 이것은 신(信)에 근(近)하다. 그럼 이것이 의(義)이다. 군(君)이 올바른 얼굴빛을 하면 군(君)과 신(臣)의 사이에 의(義)가 유(有)하다는 것이다. 똑똑한 신(臣)들 앞에서 군(君)이랍시고 개폼을 잡아야 그것이 똥폼인 줄을 알만한 신(臣)은 이미 다 안다. 出辭氣. 출(出)은 출전(出戰). 전쟁에 나가서는 긴 말을 하지 말라는 얘기이다. 사(辭)에는 그런 의미가 있다. 기(氣)에도 그런 의미가 있다. 斯遠鄙倍矣. 이것은 비(鄙)가 배(倍)하는 것을 멀리한다. 당연히 전쟁에서 패(敗)할 수도 있다. 그것이 일단 비(鄙)이다. 더러울 비(鄙). 그러나 그것을 배(倍)하지는 않는다는 것이다. 전쟁에서 졌다고 그것으로 나라가 망하지는 않는다는 것이다. 籩豆之事則有司存. 존(存)은 어려운 글자인데 증자가 이 자를 썼다. 진짜 공자는 끝났구나. 나머지는 하늘의 일이라는 것이다. 군자(君子)는 삼(三)할 뿐, 나머지는 하늘의 일이다. 좀 답답하다. 내가 보기에 이 말씀에서 군자(君子)는 사이비(似而非)이다. 그냥 라이프의 일이고, 인간의 일이다. 변(籩). 제기(祭器) 이름 변(籩). 콩 두(豆). 즉(則)은 동격(同格)이다. 맡을 사(司). 존(存). 하늘의 일은 하늘이 한다.

내가 보기에 공자는 죽었다. 하늘의 일을 인간(人間)이 하라고 군자(君子)가 있는 것이다.

泰伯 5장
曾子曰 以能問於不能 以多問於寡 有若無 實若虛 犯而不校 昔者吾友嘗從事於斯矣

曾子曰. 증자(曾子)께서 말씀하시었다. 내가 공자는 하대(下待)하지만 증자는 하대(下待) 못한다. 내가 감당할 수가 없다. 以能問於不能. 계절 (季節)이 변했다. 그럼 적응을 해야 한다. 능(能)으로써 불능(不能)에 문 (問)하고. 以多問於寡. 다(多)로써 과(寡)에 문(問)한다. 有若無. 만약 문(問)할 것이 없다고 생각한다면. 實若虛. 실질적(實質的) 그 능(能)과 다(多)는 허(虛)하다는 것과 같다. 犯而不校. 범(犯)하면 교(校)가 아니 다. 교(校)는 학교 교(校). 불능(不能)과 과(寡)에 문(問)할 수 없는 학생 은 공자께서 퇴교(退校)시켰단다. 昔者吾友嘗從事於斯矣. 석(昔) 예 석 (昔). 석(昔)은 특정할 수 있는 지난날이고, 고(古)는 특정할 수 없는 지 난날이다. 내가 보기에 그렇다. 아니면 말고. 예전의 나의 벗들은 맛보았 다. 사(斯)에 사(事)함을 종(從)하기를. 그럼 이게 뭔 소리여? 겨우 40년 이 지났는데? 지금은 맛볼 수 없다는 말인가? 아마도 이것이 증자(曾子) 가 일기장에 쓴 것을 뽑은 듯싶다. 이런 건 그냥 일기장에나 쓰는 것이 맞다. 나머지는 하늘의 일이라 하였으니, 아무튼 아마도 이것이 하늘의 일이 맞겠다. 그러니까 이것이 곧 나의 일이라는 것이겠다. 나는 내가 곧 하늘이다. 불능(不能)에 문(問)하고, 과(寡)에 문(問)해 보자. 그러면 증자님의 말씀이 맞다. 나의 옛 친구들도 이것에 사(事)함을 종(從)하였 다. 능(能)한 이를 섬기는 것이 아니라 불능(不能)한 이를 섬기고, 다(多) 한 이를 섬기는 것이 아니라 과(寡)한 이를 섬기는 것이니. 나의 옛 친구 들이 이 일을 좇았음이 맞다. 말씀은 맞다. 나의 모든 하느님들이 이와 같이 모두 섬김의 일을 다 하였음을 내가 이미 안다. 그런데 그래서 어 쩌라고? 아무리 그래도 대부(大夫)의 일은 대부(大夫)가 하는 것이다. 일을 못하면 잘라 버려야 한다. 아무튼 말씀을 좀 더 봐야겠다. 지금은 잘 모르겠다.

泰伯 6장

曾子曰 可以託六尺之孤 可以寄百里之命 臨大節而不可奪也 君子人
與 君子人也

曾子曰. 뭔 소린지 하나도 모르겠다. 진짜 불능(不能)에 문(問)하여야
한다. 나는 공자의 키가 2미터가 넘었다는 얘기를 믿지 않는다. 도량형
은 진시황(秦始皇) 때에나 통일 된 것이다. 그 이전의 기록은 믿을 게
못 된다. 可以託六尺之孤. 인터넷에서 1척(尺)이 30.3센티라고 한다. 그
럼 6척(尺)이면 180이 넘는다. 180이 넘는 고아(孤兒)를 뭘 어쩌라고?
척(尺)은 기본이 발바닥 길이이다. 신발 길이가 아니다. 내 발바닥을 재
어 보니 22.5이다. 6척이면 135센티이다. 아마도 10세에서 13세 사이일
것이다. 12세의 어린 임금을 위탁(委託)으로써 가(可)하다. 可以寄百里
之命. 리(里)는 마을이다. 일리(一里)는 마을의 크기이다. 지름이 약
400미터이다. 백리(百里)면 40키로. 그런데 명(命)이라고 했다. 그럼 이
것은 길이의 단위가 아니라 부피의 단위이다. 일리(一里)에 약 400명이
산다. 백리(百里)면 약 4만 명. 증자(曾子)에게 이것은 거의 국(國)이다.
기(寄)는 기여(寄與). 4만 명의 목숨을 위해서라면 내 목숨을 버릴 수 있
다. 臨大節而不可奪也. 대절(大節)은 임금의 성(姓)이 바뀌는 것이다.
임금의 성(姓)이 바뀜에 임(臨)하여 빼앗음이 불가(不可)하다. 그럼 이것
도 결국에 죽는다는 얘기이다. 탁(託)을 다시 보자. 무슨 말인가 하면,
12세의 어린 임금을 위탁했다는 것은 임금의 그 권력(權力)을 위탁했다
는 것이다. 그것이 가(可)하다는 얘기이다. 君子人與. 군자(君子)는 인
(人)인가? 그럼 묻자. 성인(聖人)은 인간(人間)인가? 君子人也. 성인(聖
人)은 인간(人間)이다. 기위인야(其爲人也). '그 사람 되고자 함이다.' 증

자가 보기에는 이것이 그 사람 되고자 함의 그 군자(君子)라는 것이다. 어떻게 40년이, 아니 아직 50년도 안 지났는데, 어찌 이럴 수가 있단 말인가? 내가 보기에 이것은 공자(孔子)의 죄(罪)를 물어야 한다. 반드시 물어야 한다. 물론 불가(不可)하다. 공자는 천자(天子)의 명패(名牌)가 없었다. 그럼 공자의 하느님에게 물어야 하나? 그러나 그것도 불가(不可)하다. 아무튼 나는 그 책임자를 찾을 것이다. 무슨 일을 어찌 이따위로 했단 말인가? 아무튼 위대한 신(神)들 중에 누군가는 책임을 져야 할 것이다.

泰伯 7장
曾子曰 士不可以不弘毅 任重而道遠 仁以爲己任 不亦重乎 死而後已 不亦遠乎

曾子曰. 증자가 말했다. 士不可以不弘毅. 의(毅) 굳셀 의(毅). 이것은 분기(憤氣)이다. 분(憤)하다. "될 듯한 일이 되지 않아 섭섭하고 아깝다." 그런 기운(氣運). '사(士)는 홍(弘)이 아님으로써의 의(毅)는 불가(不可)하다.' 홍(弘)은 클 홍(弘). 크다. 넓다. 단순히 상대에게 졌다는 분기(憤氣)만으로는 안 된다는 것이다. 任重而道遠. 임(任)은 임무(任務). '임(任)은 중(重)하고 도(道)는 원(遠)하다.' 이게 뭔 소리여? 누가 사(士)에게 임(任)을 주었는가? 하늘은 사(士)에게 임(任) 안 준다. 사(士)에게 뭘 믿고 임(任)을 주겠나? 仁以爲己任. '인(仁)은 자기를 이룸으로써의 임(任)이다.' 그럼 그렇지. 사(士)는 그냥 기(己)를 이룸으로써의 임(任)이다. 不亦重乎. '또한 중(重)하지 않겠는가?' 거의 기쁘다의 수준인데. 그렇게 중(重)할 것이 없다. 사(士)가 기(己)를 이루지 않아도 상관없다. 아니라면 그냥 죽여 버리면 된다. 死而後已. 죽고 또 그 후에도 기(己)를 이룸의 길은 계속된다는 것이다. 이미 이(已). 이미 사(士)가 죽을 때까지 분기(憤氣)하여도 기(己)를 이룸의 인(仁)은 못 이룬다는 것이다. 不亦遠乎 '또한 멀지 않겠는가?' 그래서 하고 싶은 말이 무엇인가? 홍(弘). 내가 보기엔 이것이 주제어이다. 홍익인간(弘益人間)의 그 홍(弘)이다. 홍(弘)이 넓다라는 의미가 있지만 크다라는 의미가 우선한다. 크지 않은 넓음은 홍(弘)이 아니다.

泰伯 8장
子曰 興於詩 立於禮 成於樂

子曰. 공자가 말했다. 興於詩. 흥(興)은 흥분(興奮). 흥미(興味). 시(詩)는 시 지은이와 시 보는 자와의 교감(交感)이다. 이미 본 자와 장차볼 자와의 교감이다. 진흥(振興). 부흥(復興). 천 년의 사람과 교감(交感)하는 것이다. 시(詩)는 시(始)가 아니라 초(初)로 보는 것이다. 보는자 스스로의 종(終)이 없으면 시(詩) 못 본다. 봐도 보는 것이 아니다. 나는 죽어라 공부하여 언제 종(終)을 마칠까 고민하는데 이 인간은 여기서 종(終)을 마쳤음을 내가 느끼는 것이다. 시(詩)를 보면서. 장차 내가 어디서 종(終)을 마쳐야 하는지 또 느끼는 것이다. 논어(論語)가 시(詩)이다. 모든 경전(經典)이 다 시(詩)이다. 나는 그렇게 하느님과 교감한다. 물론 인간들과 교감한다. 나는 종(終)을 마쳤는데 이 인간들이 뭔소리인 줄 모른다. 여기서 종(終)을 안 마치면 다음은 아주 피곤하다. 나도 피곤하고 인간들도 피곤하다. 여기서 초(初)를 못 이루면 진흥(振興)도 없고 부흥(復興)도 없다. 立於禮. 예(禮)에 입(立)한다. 예(禮)라는 것이 본시 경(敬)을 아는 것이 예(禮)이다. 경(敬)은 경천(敬天). 하느님을 안다고 하는 것에 입(立)한다는 것이다. 成於樂. 이것은 볼 필요가 없다. 악(樂)이든 락(樂)이든 성(成)하는 일은 내가 보기에 요원(遙遠)하다.

泰伯 9장
子曰 民可使由之 不可使知之

子曰. 공자가 말했다. 民可使由之. 사(使)는 시키다. 가령 민(民)에게 당신들도 열심히 공부하면 나처럼 똑똑한 사람이 될 수 있다 시킬 수는 있어도. 不可使知之. 내가 얼마나 똑똑한 사람인지 알게 시켜서는 안 된다는 것이다. 물론 여기서 나는 공자이다. 우상숭배(偶像崇拜)는 위대한 신들의 사회에서 엄격하게 금지되어 있다. 공자에겐 중요한 것이지만, 인민(人民)들은 몰라도 된다.

泰伯 10장
子曰 好勇疾貧 亂也 人而不仁 疾之已甚 亂也

子曰. 공자가 말했다. 好勇疾貧. 가난이 질(疾)인 것이다. 好勇疾貧. 빈(貧)의 질(疾)에 있는 자가 용(勇)을 호(好)한다면. 亂也. 난(亂)이다. 난(亂)이 전쟁인가? 그건 아닌 듯싶다. 그냥 난장(亂場)으로 본다. 개판이라는 것이다. 人而不仁. 사람이면서 불인(不仁)하고. 疾之已甚. 빈(貧)의 질(疾)이 이미 심(甚)하다면. 亂也. 난(亂)이다. 역시나 개판이다. 그럼 일단 가난의 병을 고쳐야 하겠다. 그런데 이건 나라님도 못 고친다

고 이미 설(說)이 있다. 지금 이 나라는 굶어 죽는 사람이 거의 한 사람
도 없는데, 자기가 가난하다고 하는 인간이 태반이다. 왜 그런가? 인(人)
이 불인(不仁)한 까닭이다. 질(疾)이 아직 심(甚)하지는 않지만, 아무튼
개판 오 분 전이다. 물론 여기서 개판은 개판(開鈑)이다.

泰伯 11장
子曰 如有周公之才之美 使驕且吝 其餘不足觀也已

子曰. 공자가 말했다. 如有周公之才之美. 유(有)가 가정(假定)으로
쓰인다. 유(有)가 본시 그렇다. 유(有)라는 것은 무(無)와 같은 말이다.
유(有)하는 모든 것이 결국에 무(無)하다. 유(有)한 인간들은 결국에 그
냥 무(無)이다. 다만 재(在)하기를 바랄 뿐이다. 재(在)는 사이언스이다.

如有周公之才之美. 주공지재(周公之才)만 써도 될 것을 지미(之美)
를 붙였다. 의미를 말하자면 주공(周公)의 할아비라도. 주공의 할아비
는 주공의 하느님이다. 使驕且吝. 사(使)는 시키는 것이다. 그 민(民)을
교(驕)하고 또 인(吝)하게 시킨다면. 교만할 교(驕). 아낄 인(吝). 인색(吝
嗇). 其餘不足觀也已. 그 나머지는 관(觀)하기를 족(足)하지 않는다. 이
미 이(已). 왜냐하면 이미 다 안다.

내가 보기에 공자가 배가 부른 것이다. 9장의 말씀과 거의 같다. 거의
같으니 지(知)를 사(使)하면 안 된다. 사(使)는 시키는 것이다. 공자가 상
당히 똑똑하다. 생각보다 공자가 상당히 똑똑하다. 이 인간도 하느님 알
기를 우습게 안다. 인간이 재(在)하면 그런 경향이 좀 있다. 그러나 재

(在)하기를 시키는 것은 불가(不可)하다. 분명 시험받을 것이다.

泰伯 12장
子曰 三年學 不至於穀 不易得也

子曰. 공자가 말했다. 三年學. 3년을 학(學)하고. 不至於穀. 곡(穀)에 이르지 못하면. 不易得也. 곡(穀)을 득(得)하기 쉽지 않다.

여기서 곡(穀)은 녹(祿)과 거의 의미가 같다. 그런데 이 곡(穀)은 공자가 주는 것이다. 공자가 제자들 중에 똑똑한 놈을 조교(助敎)로 취직시키는 것이다. 말년에 공자의 제자가 삼천(三千)이 넘었다고 하지 않는가. 공자가 무슨 재주로 다 가르치나? 조교를 쓰는 것이다. 그런데 그것이 3년이면 안다는 것이다. 3년이 아니라면, 10년을 학(學)하여도 곡(穀)을 득(得)하기가 상당히 어렵다는 것이다. 일정 수준 이상에서의 시험은 공자가 직접 본다. 당연히 직접 본다. 조교도 당연히 때에 맞추어 다시 시험 봐야 한다. 학(學)이 곧 시험이다. 시험이 없는 학(學)은 없다.

泰伯 13장
子曰 篤信好學 守死善道 危邦不入 亂邦不居 天下有道則見 無道則隱 邦有道 貧且賤焉 恥也 邦無道 富且貴焉 恥也

子曰. 공자가 말했다. 篤信好學. 이건 공자의 말이 아닌데? 이것이 공자의 말이라면 이것은 시험이다. 거의 악마의 시험이다. 넘어지지 않을 수가 없다. 난이도는 그냥 하(下)이다.

篤信好學. 독(篤)은 '독실(篤實)한 기독교인'할 때의 그 독(篤)이다. 독실하게 믿어라. 학(學)을 호(好)함을. 守死善道. 수(守) 지킬 수(守). 수(守)는 사(死)를 받는 것이 아닌가? "죽음을 각오하고 선도(善道)를 지켜라?" 그럼 이어지는 말하고 하나도 안 맞다. 죽음을 각오하고 선도를 지키는데? 危邦不入. 위험한 나라는 들어가지 말고. 亂邦不居. 어지러운 나라는 거하지 말고. 天下有道則見. 천하에 도가 있으면 얼굴을 비치고. 無道則隱. 천하에 도가 없으면 얼굴을 숨기니. 邦有道. 나라에 도가 있으면. 貧且賤焉 恥也. 빈천이 수치요. 邦無道. 나라에 도가 없으면. 富且貴焉 恥也. 부귀가 수치라. 그럼, 도대체 죽을 각오로 지켜야 하는 선도(善道)라는 게 무엇인가? 굳이 지키지 않아도 도대체 죽을 일이 없지 않는가? 그냥 수(守)는 사(死)를 받는 것이 맞다. 죽음을 지키는 것이 바로 선도(善道)라는 것이다. 내 한 몸 온전히 보존하는 것이 선도(善道)라는 것이다. 왜? 독실(篤實), 신(信), 호학(好學). 이 말씀에서 학(學)은 신앙(信仰)이다. 호학(好學)이 신앙(信仰)이다.

지금도 이 호학(好學)을 신앙(信仰)으로 하는 인간들이 아주 많다. 아주 많다. 난이도는 그냥 하(下)이다. 초급자 시험이다.

泰伯 14장
子曰 不在其位 不謀其政

子曰. 공자가 말했다. 不在其位. 그 위(位)에 재(在)한 것이 아니라면. 不謀其政. 그 옳고 그름을 모(謀)하지 말라.

재(在)는 사이언스이다. 이것은 그 위(位)가 유(有)하다는 것이 아니다. 내가 지금 거의 하느님의 위(位)에 재(在)하여 말한다. 내가 하느님의 위(位)에 유(有)하다는 말이 아니다. 나는 지금 인간의 위(位)에 유(有)한다. 나는 지금 인간의 위(位)에 재(在)하기를 나름 노력하는 중이다. 노력하는 중이기에 내가 인간의 옳고 그름을 모(謀)하지 않는다. 아직은.

泰伯 15장
師摯之始 關雎之亂 洋洋乎盈耳哉

師摯之始. 스승 사(師). 잡을 지(摯). 처음 시(始). 선생으로서 교편(教鞭)을 잡은 처음 시기에. 關雎之亂. 재미있는 표현이군. 관저(關雎)는 전에 보았다. 물수리. 그런데 난(亂)이란다. 관저(關雎)의 란(亂). 이것은 공자의 난(亂)이다. 관저(關雎)는 공자이다. 난(亂)을 작(作)하지 말라고 했는데, 기어이 난(亂)을 작(作)하였군. 洋洋乎. 양(洋)은 대양(大洋)의 양(洋)이다. 그야말로 잔소리들이 넘쳐났다는 것이다. 양양(洋洋). 잔소리가 바다를 이루어 출렁였다는 것이다. 盈耳哉. 귀를 가득 채웠다.

공자가 고생을 많이 했구나. 그래도 무플보다 악플이 낫다. 내 귀에는 매미소리만 가득하다. 이 이명(耳鳴)은 낫지를 않는다. 가끔씩 예전의 그 고요함이 너무 그립다.

泰伯 16장
子曰 狂而不直 侗而不愿 悾悾而不信 吾不知之矣

子曰. 공자가 말했다. 狂而不直. 자로(子路)가 공자를 만나기 이전에 광(狂)이면서 직(直)이었다. 가령 도둑놈이 가난한 집은 내버려 두고 아주 부자 집만 훔쳤다면 그게 광(狂)이면서 직(直)인 것이다. 侗而不愿. 동(侗)은 정성 동(侗). "참되다. 어리석다(통), 미련하다(통)." 어리석고 미련하면서 정성이 있다는 것이다. 잘 알지도 못하는 것이 끼어들어서 정성을 다하는 것이다. 정성을 다하니 뭐라 할 수도 없고 환장할 노릇이다. 원(愿)은 원할 원(愿). 원(原)과 심(心)의 형성문자이니 이것은 근원적(根源的)인 원(愿)이다. 정성을 다하지만, 그 원(愿)이 그 원(愿)이 아니라는 것이다. 동(侗)은 그냥 바보이면서 착한 것이다. 그런 바보의 정성이다. 바보가 아무리 공부에 정성을 들여도 유치원 애기들보다도 못하다. 悾悾而不信. 공(悾)은 정성 공(悾). 이것도 심(心)과 공(空)이니 허풍이다. 공공(悾悾). 허풍을 참으로 정성들여 한다는 것이다. 허풍을 진짜 악의(惡意)가 없이 순진무구하게 한다는 것이다. 그런데 그것이 신(信)이 아니다. 신(信)이 없다.

吾不知之矣. 나는 이런 자들을 가르치는 방법(方法)을 알지 못한다. '미친놈, 바보, 허풍쟁이.' 물론 자로(子路)의 예가 있으니 이게 다가 아니고, 직(直), 원(愿), 신(信)의 그 무(無)를 또 따져야 할 것이다. 선생은 아무나 하는 게 아니다. 물론 유(有)가 아니고 재(在). 유(有)의 선생은 그냥 아무나 해도 된다.

泰伯 17장
學如不及 猶恐失之

學如不及. 학(學)은 미치지 못함과 같다. 猶恐失之. 오히려 두려워하라. 오히려 그 알던 것도 잃어버림을.

이것이 왜 그런가 하면, 인생(人生)이 라이프이기 때문이다. 학(學)은 라이프로 하는 것이 아니다. 학(學)은 사이언스이다. 사이언스를 학(學)하는 것이다.

泰伯 18장
子曰 巍巍乎 舜禹之有天下也而不與焉

子曰. 공자가 말했다. 巍巍乎. 외(巍) 높고 클 외(巍). 이것이 뫼 산(山)과 맡길 위(委) 귀신 귀(鬼)이니, 뭔 소린지 모르겠다. 외외호(巍巍乎)? 과연 귀신을 맡길 만은 한가? 舜禹之有天下也而不與焉. 순(舜)과 우(禹)의 유(有). 천하야(天下也). 더불어 하지 않았다. 유(有)와 더불어 하지 않았다니 유(有)를 빼고 보자. 舜禹之天下也而不與焉. 이러면 선생들의 번역이 맞다. 순(舜)과 우(禹)는 내가 잘 모른다.

泰伯 19장
子曰 大哉 堯之爲君也 巍巍乎 惟天爲大 惟堯則之 蕩蕩乎 民無能名焉 巍巍乎 其有成功也 煥乎 其有文章

子曰. 공자가 말했다. 大哉. 대(大)하구나. 堯之爲君也. 요(堯)의 임금을 이루고자 함이여. 巍巍乎. 위대하고 또 위대하도다. 惟天爲大. 오직 하늘이 대(大)를 이룸이다. 惟堯則之. 오직 요(堯)가 하늘의 이룸을 받들어 대(大)를 이루었도다. 蕩蕩乎. 헤매고 또 헤매었도다. 民無能名焉. 민(民)은 그것이 무슨 말인지 도무지 알지 못했다. 巍巍乎. 위대하고 또 위대하도다. 其有成功也. 그 뜻한 바의 이룸이 있음이여. 煥乎. 찬란하구나. 其有文章. 그 문장(文章)의 있음이여.

泰伯 20장
舜有臣五人 而天下治 武王曰 予有亂臣十人 孔子曰 才難 不其然乎 唐虞之際 於斯爲盛 有婦人焉 九人而已 三分天下 有其二 以服事殷 周之德 其可謂至也已矣

舜有臣五人 而天下治. 순(舜)은 신(臣)이 다섯이 있어 천하(天下)가 다스려졌다. 武王曰. 무왕(武王)이 말했다. 予有亂臣十人. 여(予)는 상대가 우선하여 상대가 보는 나이다. 진짜 상대가 본다는 것이 아니라, 상대가 우선하여 상대에게 보여주는 나이다. 予有亂臣十人. 나는 난신(亂臣)이 열이 있다. 孔子曰. 공자(孔子)가 말했다. 공자가 배타적 아(我)를 썼다. 만약 자(子)를 썼다면 이어지는 말에 주어로 아(我)를 넣었을 것이다. 才難. 똑똑한 놈들은 부리기가 어려운 것이다. 不其然乎. 그것은 당연한 것이 아닌가? 난신(亂臣)이 십인(十人)이 있다는 것은 무왕(武王)보다 똑똑한 신(臣)이 십인(十人)이 있다는 것이다. 아니면 말고.

무왕(武王)이 여(予)를 썼다. 나보다 똑똑하지도 않은 것들이 나보다 똑똑한 척을 한다는 것이다. 신(臣)이. 그래서 난(亂)을 썼다. 겉멋만 들어서 똑똑한 놈들은 부리기가 상당히 어렵다. 唐虞之際. 당(唐)이 요(堯)임금이 살던 지명(地名)이고, 우(虞)가 순(舜)임금이 살던 지명(地

名)이란다. 제(際)는 시절(時節). 요순(堯舜)의 시절에는. 於斯爲盛. 이
것이 성(盛)을 이루었다. 성(盛)은 성황(盛況). 有婦人焉 九人而已. 부
(婦)는 아내. 아내가 있는 사람으로 말하자면, 열에 아홉은 이미 난(亂)
이다.

요순(堯舜)을 규정하여 태평성대(太平聖代)라고 하는데 잘 몰라서 하
는 소리이다. 내가 알기로 난잡(亂雜)하기가 이루 말할 수가 없었다. 그
때는 사회가 모계사회(母系社會)이다. 아버지가 누구인지 모르는 것이
다. 엄마도 그 자식의 아비가 그저 몇몇 중에 하나일 것이다 추정할 뿐
이지 누군지 모른다. 그래서 모계사회(母系社會)인 것이다. 有婦人. 이
것은 유부남(有婦男)이다. 남자가 모계사회의 기둥서방으로 있다는 것
이 아니라 지아비로 있다는 것이다. 요순시대는 여성상위(女性上位)시
대이다. 남자가 기둥서방이 아니라 지아비로 있다는 것은 그것이 그야
말로 곧 난(亂)이다. 겨우 난신(亂臣) 열이야 무슨 상관인가?

三分天下. 천하가 셋으로 나뉘었다. 하나는 은(殷)나라이고, 하나는
주(周)나라이고, 또 하나는 그 나머지 나라들이다. 有其二以服事殷.
그 이(二)를 유(有)하였지만 복(服)으로써 은(殷)을 사(事)하였다. 그때
그 나머지 나라들은 이미 거의 다 주(周)나라 편이었다. 대체로, 대세
(大勢)가 그러하였다. 그럼에도 불구하고 복(服)으로써 은(殷)을 사(事)
하였다는 것이다. 周之德. 주(周)는 주공(周公)이다. 따질 것이 없다. 其
可謂至也已矣. 주공(周公)이 덕(德)을 이룸에 이르렀다고 일컬음이 가
(可)함이, 이미 이(已), 이미 더 따질 것이 없다. 의(矣).

泰伯 21장

子曰 禹 吾無間然矣 菲飲食而致孝乎鬼神 惡衣服而致美乎黻冕 卑宮室而盡力乎溝洫 禹 吾無間然矣

子曰. 공자가 말했다. 禹. 우(禹). 吾無間然矣. 연(然)은 사이언스이다. 오(吾)는 우(禹)의 연(然)에 문(問)이 무(無)하다. 의(矣). 나는 우(禹)의 그러함에 아무런 문(問)이 없다.

菲飲食而致孝乎鬼神. 비(菲)는 초(艸)에 비(非)이니, 먹는 풀이다. 풀죽을 마시고 먹으면서도 귀신(鬼神)에 효(孝)를 다하였다. 惡衣服而致美乎黻冕. 의(衣)가 평상복, 복(服)이 외출복. 아니면 말고. 더러운 의복(衣服)을 입으면서도 귀신(鬼神)을 위해서는 수(繡)를 놓고 면류관(冕旒冠)을 썼으니 미(美)를 이루었다. 卑宮室而盡力乎溝洫. 비소(卑小)한 궁궐(宮闕)과 침실(寢室)에서 살면서 귀신(鬼神)을 알리기 위해서는 온 역(力)을 다하였다. 아마도 귀신(鬼神)의 신전(神殿)은 거대(巨大)하였겠다. 禹 吾無間然矣. 우(禹)의 그러함에 나는 아무런 의문(疑問)이 없다.

죄송하다. 눈이 침침해 간(間)이 문(問)으로 보였다. 별 중요하지 않다. 간(間)은 시간(時間). 틈. 우(禹)의 그러함은 내가 따질 시간(時間)이 없다. 따질 가치를 못 느긴다. 앞에서 보았다. 11장. 子曰 如有周公之才之美 使驕且吝 其餘不足觀也已. 같은 말이다.

子罕

子罕 1장
子罕言利與命與仁

子罕言利與命與仁. 한(罕)은 드물 한(罕). 공자는 드물게 이(利)를 말
하였다. 명(命)을 더불어. 인(仁)을 더불어. 子罕言利與命. 이(利)와 명
(命)을 더불어 말하는 것이 드물었다. 子罕言利與仁. 이(利)와 인(仁)을
더불어 말하는 것이 드물었다.

한(罕)이 그물 망(罒)과 방패 간(干)의 형성문자이다. 그럼 이것이 새그
물이다. "새를 잡는 데 쓰는 그물." 이것은 난이도 중급(中級) 시험이다.
새를 잡는 것이다. 뛰는 놈 위에 나는 놈이 있으니, 그 나는 놈을 잡는
시험이다. 명(命)을 말할 때 이(利)를 더불어 말하였고, 인(仁)을 말할 때
이(利)를 더불어 말하였다는 것이다. 명(命)과 인(仁)을 말할 때 이(利)
를 더불어 말하였다. 과연 네 놈이 그물을 피하는지 보자. 분별력(分別
力) 시험이다.

子罕 2장
達巷黨人曰 大哉孔子 博學而無所成名 子聞之 謂門弟子曰 吾何執
執御乎 執射乎 吾執御矣

達巷黨人曰. 통달할 달(達). 거리 항(巷). 무리 당(黨). 사람 인(人). 거
리를 통달하였다는 것이다. 이미 언(言)의 도리(道理)를 빠삭하게 다 안

다는 것이다. 누가? 오당지소자(吾黨之小子)가. 물론 달항(達巷)이라니 소자(小子)는 아니고 중자(中子)이겠다. 왈(曰)하였다. 大哉孔子. '크구나. 공자여.' 이건 이 중자가 혼자 한 말이다. 물론 듣는 귀야 있겠지만, 혼자한 말이다. 博學而無所成名. '박학다식(博學多識)한데 명(名)을 이루는 소(所)가 없다.' 이게 뭔 말인가? 大哉 孔子博學 而無所成名. 이 당인(黨人)은 이미 언(言)에 도통(道通)한 놈이다. 子聞之. 들은 소자(小子)가 공자에게 고자질을 한 것이다. 謂門弟子曰. 문제자(門弟子)? 공자의 당(黨)이 이미 문파(門派)가 나뉘어져 있는 것이다. 그중 한 문파(門派)의 수제자(首弟子)이다. 그럼 누구인가? 이게 무슨 말인가 하면, 공자가 너무너무 똑똑하고 잘났지만, 출세(出世)할 도(道)가 없다는 것이다. 출세(出世)할 길이 없다는 것이다. 공자가 왈(曰)하였다. 吾何執. 내가 이놈을 잡아야 하나? 執御乎. 잡아서 끌고 가야 하나? 執射乎. 아니면 떠나게 보내줘야 하나? 吾執御矣. 나는 잡아서 끌고 갈 것이다.

執射乎. 집사호(執射乎)? 잡아서 죽여 버려야 하는가? 이놈이 수제자(首弟子)이다. 아니면 내가 죽어야 한다. 공자는 이런 고민을 한 것이다. 내가 살자니 잡아서 끌고 가는 것이다.

子罕 3장
子曰 麻冕 禮也 今也純 儉 吾從衆 拜下 禮也 今拜乎上 泰也 雖遠
衆 吾從下

子曰. 공자가 말했다. 麻冕禮也. 가시 면류관은 예(禮)이다. 今也純 儉. 지금은 순수(純粹)하고 검소(儉素)한 게 예(禮)이다. 이게 무슨 말인지 알겠는가? 공자가 보기에 지금은 가시 면류관을 쓸 필요가 없다는 것이다. 왜? 인간들은 이미 똑똑하다. 이미 아는 척을 다 한다. 이 똑똑한 인간들을 위해 내가 가시 면류관을 쓸 까닭이 전혀 없다. 다만 순수하고 검소하면 된다. 그것이 지금의 예(禮)이다. 吾從衆. 나는 중(衆)을 좇은 것이다. 나도 그저 평범한 한 인간일 뿐이다.

拜下禮也. 하(下)를 배(拜)함이 예(禮)이다. 今拜乎上. 지금은 상(上)을 배(拜)함을 예(禮)라고 하는가? 泰也雖遠衆. 태(泰)가 비록 저 부지(不知)한 중(衆)들과 멀지라도. 吾從下. 나는 하(下)를 배(拜)함을 좇겠다. 泰也. 클 태(泰). 이것을 어찌 번역해야 할지 모르겠다. 태산(泰山)의 태(泰)이다. "태산이 높다하되 하늘 아래 뫼이로다." 바로 이런 생각이 태(泰)이다. 태산 알기를 우습게 알 수 있는 그 사상(思想)이 태(泰)이다. 태(泰)는 사(思)의 크기를 말하는 것이다.

麻冕. 마(麻)는 삼 마(麻). 가시 면류관은 예수가 썼고, 마(麻)의 면류관은 요(堯)임금이 썼다. 지금은 쓸 필요(必要)가 없다. 이 똑똑하고 잘난 인간들을 위해서 내가 죽을 까닭을 나는 전혀 찾지 못했다. 다만 하(下)를 배(拜)하는 것이다. 어리석고 미련한 인간들을 섬기는 것이다. 물론 공자가 그렇다는 것이고. 나는 아니라면 죽인다. 나는 잡지 않을 것이다.

子罕 4장
子絶四 毋意 毋必 毋固 毋我

子絶四. 여기서 절(絶)은 그냥 사(射)인데? 끊을 절(絶). 절교(絶交). 내가 이것을 보는 데는 1초도 안 걸렸다. 쪽팔린다. 잘라 버렸다는 것이다. 오당지소자(吾黨之小子)를. 무(毋)는 말 무(毋). 이게 없을 무(無)가 아니다. 무(無)는 유(有)의 무(無)이고, 무(毋)는 위(爲)의 무(毋)이다. 毋意. 毋必. 毋固. 毋我. 잘라 버렸다. 의(意)의 위(爲)가 없고, 필(必)의 위(爲)가 없고, 고(固)의 위(爲)가 없고, 아(我)의 위(爲)가 없다면, 퇴학(退學)시켰다는 것이다.

子罕 5장
子畏於匡 曰 文王既沒 文不在兹乎 天之將喪斯文也 後死者 不得與於斯文也 天之未喪斯文也 匡人其如予何

子畏於匡. 광(匡). 바를 광(匡). 앉은뱅이 왕(匡). 나는 앉은뱅이 왕(匡)으로 본다. 曰. 이것이 2장의 달항당인(達巷黨人)에게 하는 말씀이다. 외(畏). 두려워할 외(畏). 이것은 노기(怒氣)가 아니라 거의 살기(殺氣)에 가깝다. 외(畏). 나는 그렇게 본다.

子畏於匡曰. 공자가 앉은뱅이 왕(匡)에게 살기(殺氣)를 보이며 말했다. 文王既沒. 문(文)의 왕(王)은 이전(以前)에 이미 죽었다. 문(文)이 왕(王)이 되던 시절(時節)은 이미 이전에 끝났다. 文不在兹乎. 문(文)이 현(兹)에 재(在)하는 것이 아니지 않겠는가? 검을 현(玄). 검을 현(兹). 현(玄)을 두 개 썼으니, 검고 또 검은 것. 그러니까 문(文)이 어떤 특출한 한 인간의 전유물인 시대는 끝났다는 것이다. 天之將喪斯文也. 하늘이 장차 나의 이 문(文)도 죽일 것이다. 後死者. 후세(後世)에 죽는 자들이. 不得與於斯文也. 나의 이 문(文)에서 더불어 득(得)하지 못할 것이다. 天之未喪斯文也. 그러나 아직 하늘이 나의 이 문(文)을 죽이지 않았으니. 匡人其如予何. 앉은뱅이 왕(匡)인 네 놈의 그것이, 어찌 나와 같겠는가?

2장의 대재공자(大哉孔子)를 두고 하시는 말씀이다. 과연 네 놈이 나를 대(大)하다고 말할 수 있는 놈인가? 네 놈이 말하는 그런 대(大)한 공자는 이미 죽었다. 장차 하늘이 또 죽일 것이다. 나는 재(在)한다. 나는 유(有)하지 않는다. 결국에 죽을 유(有)한 인간이 말하는 유(有)한 공자의 대(大)에서는 나를 더불어 득(得)하지 못할 것이다. 네 놈이 나를 대(大)하다고는 하나, 그것이 어찌 나와 같겠는가?

광(匡) 땅에서 공자가 죽을 뻔 했다는 얘기는, 나도 들어서 알지만, 이 말씀은 그것과 전혀 상관없다. 말이 되지 않는다. 일단 말이 되어야 하지 않겠는가? 여기서 문왕(文王)이 무왕(武王)의 아버지인 그 문왕(文王)인가? 할 말이 없다.

子罕 6장
大宰問於子貢曰 夫子聖者與 何其多能也 子貢曰 固天縱之將聖 又多能也 子聞之曰 大宰知我乎 吾少也賤 故多能鄙事 君子多乎哉 不多也 牢曰 子云 吾不試故藝

大宰問於子貢曰. 대재(大宰)가 자공(子貢)에게 문(問)하여 말하였다. 대재(大宰)는 오(吳)나라에서 쓰던 수상(首相)의 관명(官名)이라고 한다. 夫子聖者與. 대체로 보아서 공자는 성자(聖者)이신가? 何其多能 也. 어찌 그리 능(能)이 다(多)하신가. 야(也)로 마쳤으니 이것은 마침표로 해석한다. 夫子聖者與何其多能也. 대체로 보아서 공자는 성자(聖者)이신데도 참으로 그 능(能)이 다(多)하시다. 성자(聖者)는 보통 대(大)이지 다(多)가 아니다. 子貢曰. 자공이 말하였다. 固天縱之將聖. 공자께서 하늘의 뜻을 따르는 한 장차 성인(聖人)이 되실 것은 너무나 분명합니다. 고(固). 견고(堅固). 又多能也. 또 우(又). 대(大)와는 별개(別個)이지만, 또 능(能)도 다(多)하십니다. 여기서 다(多)는 노래도 잘 부르고, 활도 잘 쏘고, 문리(文理)에 더불어 예능(藝能)과 체능(體能)까지 다방면(多方面)에 능(能)하시다는 것이다. 子聞之曰. 자공이 공자에게 말을 전한 것이다. 大宰知我乎. 대재(大宰)가 아(我)를 아는가? 호(乎)를 이렇게 해석해야 하지 않는가? 대재(大宰)가 아(我)를 아는구나! 이렇게 해석하면 그야말로 예능(藝能)이 된다. 물론 나는 지금 공자가 웃기려고 하는 말인 줄을 안다. 대재(大宰)가 아(我)를 아는구나! 전체적으로 보자면 이 번역이 맞다. 그러나 해석을 그렇게 하면 안 된다. 吾少也賤. 나는 어려서 천(賤)하였다. 갑자기 왜 옛날 얘기는 꺼내시나? 故多能鄙事. 까닭에 비루(鄙陋)한 섬김에 능(能)이 다(多)하다. 비사(鄙事)는 3장에서 본 배하(拜下)이다. 천(賤)한 인간들을 문리(文理)로 섬기기는 상당히 어렵다. 그래서 예능(藝能)과 체능(體能)을 쓰는 것이다. 君子多乎. 君子多哉. 君子不多也. 문리(文理)이든, 예능(藝能)이든, 체능(體能)이든 따질 것이 없다.

牢曰. 뢰(牢)가 말하였다. 갑자기 뢰(牢)는 누구인가? 글자로 보자면 이 아이는 외양간에서 태어난 아이인가? 아무튼 이 아이가 가장 높은

점수를 받았다. 子云. 공자께서 운(云)하신 바. 吾不試故藝. 나는 육예(六藝)의 까닭으로 시험(試驗)하지 않는다.

子罕 7장
子曰 吾有知乎哉 無知也 有鄙夫問於我 空空如也 我叩其兩端而竭焉

子曰. 공자가 말했다. 吾有知乎哉. 내가 지(知)가 유(有)하다고 생각하는가? 無知也. 내가 지(知)가 유(有)하다고 하겠지만, 나는 지(知)가 무(無)하다. 有鄙夫問於我. 비루(鄙陋)한 필부(匹夫)가 있어 아(我)에게 문(問)한다면. 空空如也. 오(吾)의 지(知)는 공허(空虛)하고 또 공허(空虛)한 것과 같다. 我叩其兩端而竭焉. 아(我)는 그 양단(兩端)을 고(叩)하여 갈(竭)할 뿐이다. 두드릴 고(叩). 다할 갈(竭).

나는 비루(鄙陋)한 필부(匹夫)가 아니라고 말할 수 있는 자가 세상(世上)에 있기는 있을 것이다. 그러나 나는 아직 만나지 못하였고, 보지도 못하였고, 듣지도 못하였다. 인간들은 그냥 다 비루(鄙陋)한 필부(匹夫)이다. 어찌 그런가 하면, 아니라면 그 인간은 애초에 인간 세상에 태어나지 않는다. 그럼 태어나지 않은 그 인간을 어찌 또 찾는가? 있기는 있다니깐? 법(法)이 그러하니, 없으면 만들어야 한다. 그래서 갈(竭)을 쓰는 것이다. 그러나 이것은 배타적 아(我)를 쓰는 것이다. 배타적 아(我)는 대단히 보수적이고 방어적이다. 이것은 사이언스가 아니라 스토리이다. 천지(天地)의 사이언스가 아니라 우주(宇宙)의 스토리이다. 이것은 위대한 신(神)이 신(信)을 쓰지 않으면 불가(不可)하다. 위대한 신(神)이

신(信)을 쓴 유일(唯一)한 인간이 예수이다. 과연 예수가 신(信)을 잘 썼다면 있기는 있을 것이다. 그러나 나는 아직 만나지 못했다. 공자야 나는 모르는 인간이었다. 그런데 이 인간이 상당히 똑똑하다. 지(知)는 유(有)가 아니라 재(在)이다. 지(知)는 라이프가 아니라 사이언스이다. 지(知)는 위대한 신들에 속하는 것이지 인간에 속하는 것이 아니다. 아무튼 좀 두고 볼 일이다. 나는 예수를 버리지 않는다. 그러나 공자는 두고 볼 일이다.

子罕 8장
子曰 鳳鳥不至 河不出圖 吾已矣夫

子曰. 공자가 말했다. 鳳鳥不至. 내가 보는 이 출처(出處)를 알 수 없는 논어에는 '鳳凰不至'로 되어 있다. 내가 예전에 어디선가 허락 없이 공짜로 다운받은 것이다. 가끔씩 다른 글자가 있다. 다른 글자가 있으면 선생님들이 보는 논어로 고쳐서 본다. 그런데 여기서는 의미가 좀 다르다. 鳳凰不至. 봉(鳳)이 황(凰)에 이르지 못하였다'로 보는 것이 더 타당하다. 鳳鳥不至. "봉조(鳳鳥)가 이르지 않았다"는 말이 되지 않는다. 물론 두드려 맞추면 왜 말이 안 되겠는가. 봉(鳳)은 공자 자신(自身)이다. 봉(鳳)은 수컷이고 황(凰)은 암컷이다. 봉(鳳)이 황(凰)에 이르지 못하였고. 河不出圖. 오당지소자(吾黨之小子)에서는 도무지 바랄 것이 없다. 吾已矣夫. 대체로 보아 나는 이미 끝났다.

안회(顔回)가 있지 않는가? 그런데 안회(顔回)는 공자에게 그냥 남의 새끼이다. 내 새끼가 아니다. 그러니까 이것이, 공자가 만난 하느님이, 총

각인 줄 알았는데 나중에 알고 보니, 애 딸린 홀아비였다는 것이다. 공자가 착하다. 안회(顔回)를 그렇게 구박하지 않았다.

子罕 9장
子見齊衰者 冕衣裳者與瞽者 見之 雖少必作 過之必趨

子見齊衰者. 견(見)은 얼굴을 마주하는 것이 견(見)이다. 다 떨어진 옷을 아주 예쁘게 꿰매서 깨끗하게 가지런하게 옷을 입은 자. 冕衣裳者與瞽者. 보기에는 임금이 될 상인데 무식하여 임금이 뭔 말인지도 모르는 아주 까막눈인 자. 見之. 그러니까 이것이 일종의 헌팅이다. 길거리 섭외. 雖少必作. 비록 어리다 할지라도 반드시 수작(酬酌)을 걸었다. 過之必趨. 잘못 보았다 싶으면 반드시 재촉하여 달아났다.

이 공자는 정말 보면 볼수록 흥미로운 인간이다. 똑똑하면서도 부지런하다. 나는 내가 비록 똑똑하지만 나는 아주 게으르다. 내가 이 부지런함을 배워야 하나 아직 잘 모르겠다. 아니면 말지 굳이 찾을 필요까지 있겠는가? 아무튼 좀 더 봐야겠다.

子罕 10장
顔淵喟然歎曰 仰之彌高 鑽之彌堅 瞻之在前 忽焉在後 夫子循循然善誘人 博我以文 約我以禮 欲罷不能 旣竭吾才 如有所立 卓爾 雖欲從之 未由也已

顔淵喟然歎曰. 이게 뭐야. 2장의 달항당인(達巷黨人)이 안회(顔回)

네? 흥미롭군. 아주 흥미롭군. 나는 다른 놈인 줄 알았는데. 그 놈이 안회(顔回)이다. 성(姓)과 자(字)를 같이 쓰지 말라니깐 말을 안 들어. 이러면 공자는 이미 끝났다. 내가 보기에 안회(顔回)는 똑똑하면서 게으른 놈이다. 그러니까 나와 동류(同類)이다. 부끄럽군.

顔淵喟然歎曰. 안연(顔淵)이 한숨이 저절로 나와 탄식하여 말하였다. 仰之彌高. 우러러볼수록 더욱 높고. 鑽之彌堅. 파고들수록 더욱 단단하시다. 瞻之在前. 쳐다보면 앞에 재(在)하시고. 忽焉在後. 문득 돌아보면 뒤에 재(在)하시다. 夫子循循然善誘人. 대체로 보아 공자께서는 차근차근 알아듣게 사람을 잘 이끄신다. 博我以文. 아(我)를 문(文)으로써 넓히고. 約我以禮. 아(我)를 예(禮)로써 묶으니. 欲罷不能. 그만두려고 했는데 그만둘 수가 없다. 旣竭吾才. 나는 이미 나의 재주를 갈(竭)하여. 如有所立. 입(立)하는 소(所)가 유(有)한 것 같은데. 卓爾. 높을 탁(卓). 너 이(爾). 이게 뭔 소리여? 내가 옥상까지 올라왔는데 어딜 더 올라가? 雖欲從之. 비록 더 높은 곳이 있고, 그곳에 더 큰 아(我)가 있다손 치더라도. 未由也已. 나는 아직 그럴 까닭도 없고 생각도 없다. 이미 이(已).

내가 보기에 이 인간들이 둘 다 배타적 아(我)를 쓴다. 이게 언제쯤 일일까? 안회가 20대 공자가 50대. 아마도 공자가 벼슬을 하고 있을 때일 듯싶다. 공자가 공무(公務)에 다망(多忙)하니, 문중(門中)에서는 안회가 아주 일이 많았을 것이다. 2장의 大哉孔子 博學而無所成名. 이게 욕이다. 듣는 공자는 욕으로 들었다. 그것은 분명하다. 자기는 높은 벼슬을 하면서 왜 나는 벼슬을 안 시키나? 그런 말은 결코 아니다. 이것은 공자에게서 더 이상 배울 것이 없다는 얘기이다. 5장도 같이 봐야 한다. 子畏於匡曰. 공자가 말하였다. 네가 보는 나는 내가 아니다. 네가 아는 나는 내가 아니다. 탄식한 것으로 보아 공자는 안회를 설득하지 못하였다. 안회가 남은 것은 그냥 정(情)이다. 아직은. 당신이 보는 나도 내가 아니다. 그 정도는 안회(顔回)도 안다. 더 배울 것이 없다니깐? 그래서 탄식하여 말하는 것이다.

나는 내가 안회를 안다고 생각했는데 더 봐야겠다. 물론 나는 내가 공자를 안다고 생각했는데 더 봐야 한다. 부끄럽지만 할 수 없다. 물론, 끝까지 봐야 다 그게 그거다. 안 봐도 다 안다. 다만 디테일. 인간들을 위한 디테일. 인간들이 내 책을 안 산다. 그래서 보는 것이다.

子罕 11장
子疾病 子路使門人爲臣 病間 曰 久矣哉 由之行詐也 無臣而爲有臣 吾誰欺 欺天乎 且予與其死於臣之手也 無寧死於二三者之手乎 且予 縱不得大葬 予死於道路乎

子疾病. 아마도 공자가 유랑(流浪) 중(中)일 듯싶다. 나이가 60이 넘었다. 공자의 때에는 그냥 내일 죽어도 하나도 이상할 것이 없는 나이이다. 자로(子路)는 정말 공자가 죽는 줄 알은 것이다. 子路使門人爲臣. 자로(子路)가 문인(門人)들로 신(臣)을 이루게 시켰다. 내가 보기에 이것은 장례절차와는 아무 상관이 없는 듯싶다. 신(臣)을 이루었다는 것은 공자가 왕(王)이 되었다는 것이다. 자로(子路)가 공자를 왕(王)으로 추대했다는 것이다. 죽기 전에. 이것은 자로의 소원이다. 病間. 간(間)은 사이 간(間). 아직 병(病)이 다 난 것은 아니다. 그래도 공자가 정신은 들었다. 曰. 왈(曰). 久矣哉. 오래된 듯싶구나. 그러니까 공자가 아주 정신이 없었던 것이다. 내가 보기엔 거의 죽었다 살아났다. 질(疾)과 병(病)을 같이 썼으니 이것은 오래 누워있었던 것이다. 由之行詐也. 유(由)의 행(行)은 사(詐)이다. 사(詐)는 사기(詐欺). 이것은 가식(假飾)이 아니다. 거짓이 아니라는 말이다. 자로에게 공자는 진짜 왕(王)이다. 이것은 거짓이 아니다. 다만 사기(詐欺)일 뿐이다. 無臣而爲有臣. 공자에게 무(無)와 유(有)는 같은 것이다. 吾誰欺. 기(欺)는 기만(欺瞞). 내가 누구를 속일까? 내가 귀신은 속이지만 하늘은 못 속인다. 且予與其死於臣之手也. 다시 말하지만, 나는 왕(王)이 되어 죽고 싶은 마음이 없다. 하늘이 주는 왕(王)의 위(位)가 아니라면, 차라리 그냥 학생(學生)의 신분으로 죽기를 원한다. 거듭 말하지만, 나는 왕(王)의 길을 쫓지 않을 것이다. 予死於道路乎. 내가 위(位)가 없다고, 내가 길바닥에서야 죽겠는가?

予死於道路乎. 내가 길바닥에서야 죽겠느냐 하는 말 아니다. 내가 도중(途中)에서야 죽겠느냐 그런 말이다. "길을 가는 중간." "일이 계속되고 있는 과정이나 일의 중간." 아무튼 말은 그런 말이다.

子罕 12장
子貢曰 有美玉於斯 韞匵而藏諸 求善賈而沽諸 子曰 沽之哉 沽之哉 我待賈者也

子貢曰. 이게 뭔 소린지 모르겠다. 자공(子貢) 이것이 겉멋이 들어가지고 비비 꼬면 내가 잘 모르잖아. 有美玉於斯. 사(斯)는 일단 자공(子

貢)으로 보자. 그럼 미옥(美玉)은 공자인가? 공자는 유(有)한 것이 아니라 재(在)하다니깐? 韞匵而藏諸. 상자에 소중히 담아서 감추어야 하는가? 공자는 재(在)하다니깐? 유(有)한 공자는 그냥 버려라. 팔 것도 없다. 求善賈而沽諸. 고(沽)가 팔 고(沽)가 맞는가? 내가 보기에 이것이 파는 것이 아닌데? 그냥 간만 보는 것이다. 흥정만 하는 것이다. 팔 생각은 아직 없다. 좋은 값을 따져 구(救)하고, 과연 이것이 얼마에 팔리는지 간만 보는 것이다. 흥정만 하는 것이다. 子曰. 공자가 말했다. 沽之哉. 흥정은 해야지. 沽之哉. 당연히 흥정은 해야지. 我待賈者也. 아(我)는 값을 기다리는 자(者)이다. 그래 자공(子貢) 네가 보기엔 내가 얼마로 보이더냐? 어디 한번 흥정을 해 보자. 선(善)의 값은 구(求)하였느냐? 아(我)는 그 값을 기다리는 자(者)이다.

흥정은 붙이고 싸움은 말리라 하였으니, 내가 보기에 이 싸움은 말려야 한다. 자로(子路), 자공(子貢), 안회(顏回). 이 세 인간은 내게 좋은 이미지였는데. 디테일. 보면 볼수록 이미지가 안 좋아진다. 역시 싸움은 말려야 한다. 팔 것이 있으면 그냥 대충 선(善)한 것만 보여주고 팔아야 한다. 물론 재(在)는 다르다. 유(有)가 그렇다는 것이다. 공자는 장사꾼이 아니다. 그것은 너무나 분명하다. 공자는 장사꾼이 아니다. 공자는 농사꾼이다. 농사꾼이 장사꾼이 되는 시절은 오직 하나이다. 추수가 끝난 후이다. 그러나 아직 공자는 아니다. 공자의 추수는 아직 멀었다.

子罕 13장
子欲居九夷 或曰 陋 如之何 子曰 君子居之 何陋之有

子欲居九夷. 이(夷)는 동이(東夷)의 이(夷)이다. 그럼 내가 보기에 구이(九夷)는 제(齊)나라이다. 제(齊)나라가 동쪽에 있다. 이미 세상(世上)이 온통 다 오랑캐의 땅인 것이다. 구(九)라 하였으니 이것이 강대(强大)한 것이다. 공자가 35세 때에 제(齊)나라에 간 적이 있다. 소공(昭公)이 삼환(三桓)에게 덤비다가 추방당하여 제나라에 망명(亡命)하였을 때이다. 아마도 그것과 아주 관련이 없지는 않을 것이다.

子欲居九夷. 자(子)가 구이(九夷)에 거(居)하기를 욕(欲)하였다. 或曰. 혹(或)은 아마도 공자의 부인(夫人)이다. 돈도 없는데 거기를 어찌 가시옵니까? 陋如之何. 누추(陋醜)함을 어찌 하시려고 가시옵니까? 子曰. 공자(孔子)가 말하였다. 君子居之. 공자가 스스로를 군자(君子)라 표(表)함이 아마도 드물 것이다. 그런데 이게 완전히 사기꾼이다. 물론 공자는 사기 칠 생각이 전혀 없었지만, 결과적으로 이것은 사기(詐欺)이다. 군자(君子)는 왕(王)이 될 씨앗이다. 何陋之有. 군자(君子)가 거(居)함에 누추(陋醜)함이 어찌 있겠는가.

何陋之有? 그건 당신 생각이고. 나는 어쩌라고? 당신이야 군자(君子)이니 그렇다 치고. 나의 누(陋)는 어찌 하실 생각이시옵니까? 공자가 나중에 이혼을 당했다는 소문도 있던데. 아무튼 나는 잘 모른다.

子罕 14장
子曰 吾自衛反魯 然後樂正 雅頌各得其所

子曰. 공자가 말하였다. 이것은 공자가 말한 것이다. 그러니까 이것은 공자의 주장(主張)이다. 吾自衛反魯. 내가 위(衛)나라에서 노(魯)나라로 돌아오고. 그러니까 유랑(流浪)에서 돌아오고. 然後樂正. 연(然)이 그냥 연(然)이 아니다. 연(然)은 사이언스이다. 내가 보기에 공자가 엄청나게 고집을 부린 것이다. 然後樂正. 그런 연후(然後)에 악(樂)이 바르게 되었다. 雅頌各得其所. 아(雅)와 송(頌)이 각(各) 그 소(所)를 득(得)하였다.

子罕 15장
子曰 出則事公卿 入則事父兄 喪事不敢不勉 不爲酒困 何有於我哉

子曰. 공자가 말했다. 出則事公卿. 入則孝 出則弟. 이것은 보지 않았나? 학이6장. 弟子入則孝 出則弟. 공(公)은 임금이고 경(卿)은 임금을 보좌하는 궁(宮)에 있는 대부(大夫)이다. 사(事). 공자는 여전히 제자(弟子)인 것이다. 사(事)는 그냥 제(弟)로 보아도 된다. 入則事父兄. 공자의 부(父)는 공자가 3살 때 돌아가셨다. 모(母)도 공자가 어려서 돌아가셨다. 그럼 무슨 부(父)를 어찌 사(事)하나? 그러면 이것은 공자의 얘기가 아니다. 공자의 실제적 경험을 말하는 것이 아니라는 얘기이다. 何有於我哉. 어찌 아(我)에게 있겠는가! 이 재(哉)는 거의 탄식이다. 이것이 하나도 어려운 것이 아닌데! 어찌 인간들은 모르는가! 喪事不敢不勉. 힘쓸 면(勉). 면(免)과 역(力)이니 이것은 온 정성과 힘을 다하였다는 것이다. 이것도 보지 않았는가? 아버지가 돌아가심에 3년 그 행(行)의 관(觀)에 개(改)함이 없다. 감히 말하건대 온 정성과 힘을 다하지 않음이 아니다. 不爲酒困. 이것도 보았다. 이인19장. 父母在 不遠遊 遊必有方. 살아계심에 사(事)하지 않으면 반드시 방(方)이 있다. 그 방(方)이 주곤(酒

困)이다. 술에 절어서 사(事)하지 못함의 괴로움을 이루지는 않는다는 것이다.

子罕 16장
子在川上 曰 逝者如斯夫 不舍晝夜

子在川上. 공자가 천(川)의 상(上)에 재(在)하였다. 이게 뭔 소리인가? 공자가 무슨 재주로 물 위에 떠있는가? 참으로 난감하다. 재(在)는 사이언스이다. 내가 보기에 공자 자신이 천(川)이 되었다는 것이다. 강이 인생이고 공자는 강물이다. 曰. 공자가 말했다. 逝者如斯夫. 서(逝). 갈 서(逝). 이것이 글자가 세상(世上) 떴다는 것이 아닌가? 한자사전 뜻풀이에도 다 써 있다. 서거(逝去). 대체로 보아 죽는다는 것이 이와 같구나. 不舍晝夜. 낮에도 밤에도 머무를 수가 없다. 내가 보기에 이것은 공자의 자신의 삶과 죽음에 대한 명상이다. 명상(冥想). "고요히 눈을 감고 깊이 생각함. 또는 그런 생각." 물론, 子在川上. 이것은 거의 유체(遺體)를 이탈(離脫)한 것이다. 그런 명상이다.

공자 자신에 대한 명상이다. 인간들 얘기 아니다.

子罕 17장
子曰 吾未見好德如好色者也

子曰. 공자가 말했다. 吾未見好德如好色者也. 나는 아직 덕(德)을 좋아함이 색(色)을 좋아함과 같은 자를 만나지 못했다. 이 색(色)은 무슨 색(色)인가? 분명한 것은 덕(德)은 무색(無色)이다. 무색(無色)은 빛이거나 어둠이다. 색(色)은 빛도 아니고 어둠도 아니다. 물론 아닌 것도 아니다. 덕(德)은 어둠이다. 현덕(玄德). 덕(德)은 본시 현(玄)이다. 덕(德)은 본시 어둠이다. 그러니까 덕(德)과 색(色)은 그 여(如)가 본시 같을 여(如)가 아니다. 바랄 것을 바라야지. 그리고 아리따운 여자(女子) 얘기는 그만 좀 하시라. 지겹지도 않나?

子罕 18장
子曰 譬如爲山 未成一簣 止 吾止也 譬如平地 雖覆一簣 進 吾往也

子曰. 공자가 말했다. 譬如爲山. 비유를 하자면 산(山)을 이루는 것과 같다. 未成一簣. 아직 한 삼태기를 이루지 못하였는데. 止. 그치면. 吾止也. 나는 이루지 못한 것이다. 譬如平地. 비유를 하자면 땅을 평(平) 하게 하는 것과 같다. 雖覆一簣. 비록 한 삼태기라로 땅을 덮어서. 進. 나아간다면. 吾往也. 나는 덮은 것이다.

공자가 디지털을 아는가? 이것은 사고(思考)가 상당히 디지털인데? 이 공자는 정말 알다가도 모르겠다. 이것은 그대가 할 수 있는 말이 아니다. 분명 아니다. 이건 예수가 하는 말이다. 그대는 예수가 아니다. 꿈깨라. 정말 알다가도 모르겠다.

子罕 19장
子曰 語之而不惰者 其回也與

子曰. 공자가 말했다. 語之而不惰者. 이것이 어(語)이다. 언(言)이 아니다. 타(惰)는 타성(惰性)의 타(惰)이다. 게으를 타(惰). 공자여. 그대는 비유하여 말하지 말라. 그대가 그것을 어찌 감당하는가? 앞에 18장이 안회(顏回)에게 하는 말이다. 이것은 상당히 어려운 것이다. 전혀 차원이 다른 것이다. 옥상 위에서 개축하여 층을 높이는 차원이 아니다. 其回也與. 회(回)와 더불어. 지금 그대가 뭘 안다고 하는 것인가? 그대는 예수가 아니다. 꿈 깨라. 물론, 이것이 안회(顏回)를 위함인 것이니. 안회의 똑똑함은 좀 더 두고 보자.

子罕 20장
子謂顏淵 曰 惜乎 吾見其進也 未見其止也

子謂顏淵曰. 공자가 안회(顏回)를 일컬어 말하였다. 惜乎. 석(惜)은 석별(惜別). 이것이 애석(哀惜)이 아니다. 그냥 석별(惜別). "서로 애틋하게 이별함. 또는 그런 이별." 吾見其進也. 나는 그 진(進)을 견(見)하였다. 未見其止也. 아직 그 지(止)를 견(見)하지 못했다. 18장의 진(進)과 지(止)를 말하는 것이다. 바보 공자여. 그것은 당연하지. 그것은 진실로 찰나(刹那)인 것이다. 그대가 견(見)하였다고 하는 것은 그냥 아날로그인 것이다. 그대가 견(見)하였다는 그 자체가 이미 아날로그인 것이다. 실험실의 청개구리. 내가 보기에 안회(顏回)는 공자가 죽였다.

子罕 21장
子曰 苗而不秀者 有矣夫 秀而不實者 有矣夫

子曰. 공자가 말했다. 苗而不秀者. 정성들여 심었건만 꽃을 피우지 못하는 것이. 有矣夫. 대체로 보아서 유(有)하고. 秀而不實者. 꽃은 피었지만 열매 맺지 못하는 것이. 有矣夫. 대체로 보아서 유(有)하다.

子罕 22장
子曰 後生可畏 焉知來者之不如今也 四十五十而無聞焉 斯亦不足畏也已

子曰. 공자가 말했다. 後生可畏. 후생(後生)은 선생(先生)에 반(反)하는 것이겠다. 그러니까 그냥 선생이 가르치는 학생(學生)으로 보면 될 듯싶다. 焉知. 어찌 알겠는가. 來者之不如今也. 내자(來者)의 부지(不知)가 금(今)과 같다고. 그러니까 이 말은 선생(先生)이 학생(學生)을 가르침에 아주 신중히 하여야 한다는 것이다. 내가 지금 아니라고 가르친 것을 학생이 나중에 선생이 되어서, 아닌 것도 아니라고 반(反)의 지(知)를 입(立)하면 내 꼴이 우습게 되는 것이다. 後生可畏. 그런데 이것은 외(畏)이다. 이것은 단순히 경계(警戒)가 아니다. 이것은 상당히 전투적인 것이다. 이것은 죽기를 각오하는 것이다. 오히려 아닌 것도 아니라고 반(反)하기를 바라는 것이다. 내 꼴이 우습게 되는 것은 애초에 관심도 없다. 내가 기쁘게 죽을 수 있게 반(反)하기를 오히려 기대하는 것이다. 외(畏)에는 그런 의미가 있다. 이것은 학생을 신중히 가르치는 것이 아니라, 진실로 치열하게 가르치는 것이다. 四十五十而無聞焉. 내가 가르친 학생이 40, 50이 되었는데 들리지 않는다. 뭐가? 뭐가 안 들려? 내 꼴이 우습게 되었다는 소문이. 기쁘게 죽기는커녕, 소문도 안 들려. 斯亦不足畏也已. 이것은 또한 외(畏)를 족(足)한 것이 아니다. 이미 이(已). 선생의 그 가르침이 치열하지 않았다는 것이다. 하여튼 선생(先生)은 아무나 하는 게 아니다. 물론 아무나 해도 된다. 부끄럽다.

子罕 23장
子曰 法語之言 能無從乎 改之爲貴 巽與之言 能無說乎 繹之爲貴
說而不繹 從而不改 吾末如之何也已

子曰. 공자가 말했다. 法語之言. 법(法)은 사이언스이다. 곧 말씀으로 보면 되겠다. 그런데 어(語)가 붙었다. 이 어(語)는 정(政)으로 보아야 한다. 옳고 그름을 따지는 것이다. 법(法)의 옳고 그름을 따지는 것이다. 그렇게 해서 얻는 언(言)이다. 법(法)의 옳고 그름을 따져서 얻은 언(言). 그럼 이 언(言)도 그냥 법(法)이다. 能無從乎. 능히 종(從)하지 않을 수 있겠는가? 그러니까 법(法)이 바뀌었는데, 나는 구법(舊法)이 더 좋다 나는 신법(新法)을 안 따르겠다, 능(能)할 수 있겠는가? 改之爲貴. 가령 뉴턴의 만유인력(萬有引力)의 옳고 그름을 따져 아인슈타인의 상대성이론(相對性理論)을 얻었다. 종(從)하지 않음을 능(能)할 수 있겠는가? 이것은 그 시대의 학자들에게 하는 말이다. 이것은 개(改)하지 않을 수가 없다. 아니면 학계(學界)를 떠나 농사를 짓든가 장사를 하든가 해야 한다. 개(改)하여 귀(貴)를 이룬다. 그래서 지금 우주선을 태양계 밖으로도 보내는 것이다. 만유인력으론 못 보낸다. 巽與之言. 이건 좀 어려운 말인데. 손(巽). 부드러울 손(巽). 이것은 신(神)들의 속삭임이다. 신(神)들의 속삭임에 더불어 하여 얻은 말씀. 이건 내 얘기인데? 공자도 신(神)들의 속삭임을 들었는가? 能無說乎. 능(能)히 설(說)하지 않을 수 있겠는가? 이건 내가 잘 모르겠다. 다만, 나는 지금 설(說)하지 않을 수가 없어서 설(說)하는 것은 맞다. 내가 육체가 좀 튼튼했다면 아마 나는 지금 막노동하러 나갔을 것이다. 돈 벌러. 이 더러운 신이 내 돈을 털어먹지 않았다면 나는 아마 다른 글을 썼을 것이다. 쓰기는 썼을 것이다. 내가 감히 능(能)을 거역할 수는 없다. 그러나 다른 글을 썼을 것이다. 나의 분노. 繹之爲貴. 역(繹)은 풀 역(繹). 번역(飜譯). 내 말이 무슨 외계어인가? 번(飜)은 빼고 그냥 역(繹). 역(繹)하여 귀(貴)를 이룬다. 부디 귀(貴)를 이루시라. 더 할 말은 없다. 說而不繹. 설(說)하는데 역(繹)을 하지 않는다. 從而不改. 종(從)하는데 개(改)를 하지 않는다. 吾末如之何也已. 나는 아직 그와 같은 인간들을 어찌해야 하는지를 모른다. 이미 이(已). 공자는 모르는 게 당연하다. 그것은 그대의 일이 아니다.

子罕 24장
子曰 主忠信 毋友不如己者 過則勿憚改

子曰. 공자가 말했다. 공자는 참 착하시다. 참으로 선(善)하시다. 그런데 꼴이 어찌 이 모양인가? 主忠信. 이건 전에 보았다. 성(省)으로 보았다. 충(忠)은 아(我)의 일이고, 신(信)은 오(吾)의 일이다. 마땅히 너무나 당연하게 성(省)하여야 한다. 毋友不如己者. 무(毋)는 말 무(毋). 이것은 없을 무(毋)이다. 위(爲)가 무(毋)하다는 것이다. 기(己)라는 자(者)보다 못한 우(友)는 없다. 무(毋)는 무(無)가 아니다. 위(爲)가 무(毋)하다는 것이다. 아무튼 역(繹)을 잘 하시길 바란다.

過則勿憚改. 과(過) 즉(則) 개(改)를 탄(憚)하지 말라. 공자는 착하시지만 나는 그렇게 착하지가 않다. 부끄럽다. 나는 그래도 내가 착한 줄 알았는데, 공자가 나보다 더 착하시다. 왜 여기서 이 말씀을 다시 하셨는지, 성(省)하시길 바란다.

子罕 25장
子曰 三軍可奪帥也 匹夫不可奪志也

子曰. 공자가 말했다. 三軍可奪帥也. 주어가 빠졌다. 주어는 공자이다. 내가 삼군(三軍)의 장수는 빼앗을 수 있지만. 匹夫不可奪志也. 내가 필부(匹夫)의 지(志)는 빼앗을 수 없다. 필부(匹夫)는 그냥 필부(匹夫). 내가 말하지 않았는가? 내가 세존(世尊)은 죽이지만 당신들은 못 죽인다고. 뻥이 아니다.

子罕 26장
子曰 衣敝縕袍 與衣狐貉者 立而不恥者 其由也與 不忮不求 何用不臧 子路終身誦之 子曰 是道也 何足以臧

子曰. 공자가 말했다. 衣敝縕袍. 다 떨어진 헌솜 도포를 입고. 與衣狐貉者. 여우나 담비의 털가죽 도포를 입은 자와. 立而不恥者. 입(立)하여도 부끄러움을 모르는 자. 其由也與. 그것이 자로(子路)이지 않겠는가? 내가 보기에 입(立)이 그냥 입(立)이 아니다. 적어도 어떤 격식(格式)이 있는 입(立)이다.

不忮不求 何用不臧. 이것이 시경(詩經)의 말씀이란다. 짧으니 그냥 보자. "百爾君子 不知德行 不忮不求 何用不臧." 이것이 작업용 멘트 아

닌가? 不忮不求. '해치지 않아요. 구하지 않아요.' 이것은 작업용이 분명하다. 하여튼 무식이 죄이다. 나는 계속 장(臧)이 장(藏)으로 보였다. 이것이 감출 장인데, 어찌 선생들 번역에 선(善)이 나오나 참 이상하다 했는데, 이것이 착할 장(臧)이란다. 죄송하다. 아무튼, 그래도 그렇지 선생님들은 이것을 어찌 선(善)으로 보시는가? 내가 말이 부족하여 정확한 표현은 못하지만, 장(臧)은 일종의 내숭이다. "겉으로는 순해 보이나 속으로는 엉큼함." 그럼 구(求)는 무엇이겠는가? 뭘 구(求)하지 않는다는 것인가? 내가 지금 여자(女子) 필요해서 이러는 거 아니라는 얘기이다. 다만 천지만물(天地萬物)의 음양(陰陽)의 조화(造化)가 자연(自然)하니, 플라토닉적인 순수(純粹) 이성(異姓)에 대한 관념적 고찰(考察)을, 그냥 손이나 한번 잡고 해보자 뭐 그런 얘기이다. 何用不臧. 어찌 장(臧)이 아닌 것을 용(用)하는가? '해치지 않아요, 구하지 않아요.' 이것이 장(臧)이 아니라는 것이다. 속으로 엉큼한 것이 아니라 아주 대놓고 엉큼하다. 百爾君子. 백년(百年) 동안은 이(爾)라고 부를 군자(君子). 不知德行. 덕행(德行)을 알지 못하겠다. 不忮不求. 해치지 않아요, 구하지 않아요. 何用不臧. "어찌 내숭도 없소이까? 내가 그리 만만해 보입디까?" 뭐 그런 얘기이다.

내가 보기엔 이거 쉽지 않다. 이건 전문가용 멘트인 것이다. 솔직히 모 아니면 도다. 군자(君子)이거나 백수건달(白手乾達)이다. 不知德行. 부디 2절의 덕행(德行)을 잘 따지시라. 子路終身誦之. 자로(子路)가 죽는 날까지 그것을 송(誦)하였다. 子曰. 공자가 말하였다. 是道也. 이것이 도(道)이다. 何足以臧. 어찌 장(臧)으로써 족(足)하겠는가. 어찌 내숭으로써 도(道)를 족(足)하겠는가. 도(道)는 속으로 엉큼한 것이 아니다.

아주 대놓고 엉큼한 것이다.

子罕 27장
子曰 歲寒 然後知松柏之後彫也

子曰. 공자가 말했다. 歲寒. 세(歲)는 세월(歲月). 한(寒)은 찰 한(寒).
然後知松柏之後彫也. 연(然)은 사이언스이다. 연후(然後)에 안다. 송
(松)은 소나무. 백(柏)은 잣나무. 지(之). 소나무와 잣나무의. 후(後). 조
(彫)가 문제이다. 조(彫)가 선생님들은 "시들다"로 번역이 되시는가? 난이
도 중급(中級)이다.

조(彫)는 새길 조(彫). 조각(彫刻). 조(彫)는 나이테이다. 이것이 1년에
하나 생긴다. 내가 더 할 말이 없지만, 한(寒)은 피할 수가 없다. 왜냐하
면 세(歲)를 피할 수 없는 것이다. 인간들은 분명 한(寒)을 다시 만나게
될 것이다. 이것은 피할 수가 없다. 그래서 그냥 말하는 것이다. 인간들
이 하느님 알기를 너무 우습게 안다. 하느님이 그냥 놀고먹는 줄 아는
가? 그들은 이미 참으로 수없이 많은 나이테를 문신(文身)하고 있다. 어
리석고 미련한 인간들. 나는 이미 경고했다.

子罕 28장
子曰 知者不惑 仁者不憂 勇者不懼

子曰. 공자가 말했다. 知者不惑 仁者不憂 勇者不懼. 지자(知者)가 인
자(仁者)이고, 인자(仁者)가 용자(勇者)이다. 이런 건 따질 것이 없다. 지

자(知者)가 용자(勇者)이다. 나는 따질 것이 없는데. 그러면 혹(惑)이 우(憂)이고, 우(憂)가 구(懼)이다. 혹(惑)이 구(懼)이다. 내가 결코 혹(惑)되지는 않는다. 그러나 나는 우(憂)가 있다. 또 나는 구(懼) 두렵다. 그럼 나는 아직 지자(知者)이겠다. 나는 인자(仁者)가 아니다. 나는 용자(勇者)가 아니다. 뭐가 이러냐. 아무튼 나는 따질 것이 없다.

子罕 29장

子曰 可與共學 未可與適道 可與適道 未可與立 可與立 未可與權

子曰. 공자가 말했다. 이것도 따질 것이 없는데. 可與共學. 공(共)은 공유(共有), 공산(共産). 학(學)은 공(共)함을 더불어 할 수 있다. 未可與適道. 그러나 학(學)을 공(共)하면서, 적(適)은 적성(適性), 적성(適性)에 맞는 도(道)를 더불어 할 수 있는 지는 아직 모른다. 可與適道. 적성(適性)에 맞는 도(道)를 더불어 할 수는 있다. 未可與立. 그러나 적성(適性)에 맞는 도(道)를 공(共)하면서, 입(立)을 더불어 할 수 있는 지는 아직 모른다. 可與立. 적성(適性)에 맞는 도(道)를 공(共)하면서 입(立)을 더불어 할 수는 있다. 未可與權. 그러나 적성(適性)에 맞는 도(道)를 공(共)하고 입(立)을 공(共)하면서 그 권세(權勢)를 더불어 할 수 있는 지는 아직 모른다.

뭔 잡소리를 이렇게 길게 썼는지 모르겠다. 내 얘기이다.

子罕 30장

唐棣之華 偏其反而 豈不爾思 室是遠而 子曰 未之思也 夫何遠之有

唐棣之華. 당(唐) 당황할 당(唐). 이것이 당황(唐慌)이 아닌가? "놀라거나 다급하여 어찌할 바를 모름." 이것이 당나라 당(唐)이 아니다. 산앵두나무 체(棣). 갑작스레 앵두나무의 꽃을 내밀었다. 偏其反而. 그 모습이 아름다워 마음이 끌리었으나 나는 거절할 수밖에 없었다. 豈不爾思. 어찌 하옵니까. 저는 그대의 마음을 받을 수 없습니다. 室是遠而. 제가 사는 집은 여기서 먼 곳에 있답니다. 뭐 이런 얘기인가? 子曰. 공자가 말하였다. 未之思也. 아직은 사랑이 뭔지를 모르는 것이다. 夫何遠之有. 대체로 보아서 사랑이라는 것이 어찌 먼 것을 따지겠는가.

산골 처녀가 장날에 읍내로 엄마를 따라 장을 보러 온 것이다. 내가 보기에 적어도 네다섯 시간은 걸어서 왔다. 새벽에 출발하여 거의 한낮에 읍내에 도착을 하는 것이다. 얼른 일을 보고 밥 먹고, 다시 집에 가야 한다.

鄕黨

鄕黨 1장
孔子於鄕黨 恂恂如也 似不能言者 其在宗廟朝廷 便便言 唯謹爾

孔子於鄕黨. 당(黨)은 공자의 당(黨)이다. 그러니까 향당(鄕黨)은 일종의 야당(野黨)이다. 공자가 향당(鄕黨)에서는. 恂恂如也. 순(恂) 정성 순(恂). 이 글자의 정성은 엄격하고, 세밀하고, 철저함이다. 恂恂如也. 여(如)를 잘 번역해야 한다. '꼼꼼하고 꼼꼼하기가.' 야(也)로 마쳤으니,

꼼꼼하고 꼼꼼하기가 같았다. 似不能言者. 사(似)는 닮을 사(似). 언(言)에 능(能)하지 못하는 사람 같았다. 이게 무슨 말이겠는가? 꼼꼼하고 꼼꼼하기가 언(言)에 능(能)하지 못하는 사람 같았다. 학생이 무슨 말을 하면 선생이 무슨 말인지 못 알아듣겠다고 하는 것이다. 학생이 정확한 대답을 할 때까지 무슨 말인지 모르겠다고 하는 것이다.

其在宗廟朝廷. 그것이 종묘(宗廟)나 조정(朝廷)에 재(在)할 때에는. 재(在)는 사이언스이다. 便便言. 편(便) 편할 편(便). 이것이 똥오줌 변(便)으로도 쓴다. 변소(便所)에 이 변(便)자를 쓴다. 편하기가 그와 같다는 것이다. 하여튼 이것들이 왕(王)이고 대신(大臣)이고, 국가(國家)의 안녕과 인민(人民)들의 평안을 논(論)하는 자리에서 편(便)하기가 이루 말할 수가 없다는 것이다. 우리 집 강아지가 어제 새끼를 낳았답니다. 오호라. 경사이구려. 그래 몇 마리나 낳았답니까? 唯謹爾. 오직. 근(謹). 근(謹)이 근조(謹弔)의 근(謹)이다. 아(我)를 죽인다는 것이다. 물론 임금의 앞이니 친절하게 이(爾)를 붙였다. 이(爾)는 임금이 부르는 그대이다. 오직 아(我)를 죽였다.

鄕黨 2장
朝 與下大夫言 侃侃如也 與上大夫言 誾誾如也 君在 踧踖如也 與
與如也

朝. 조(朝)는 조정(朝廷). 與下大夫言. 하대부(下大夫)들과 언(言)을 더불어 하였다. 공자는 벼슬이 하대부(下大夫)이다. 侃侃如也. 굳셀 간(侃). 그럼 간간(侃侃)이 간간인가? 내가 보기에 아니다. 이건 그냥 동료

의식(同僚意識)이다. 어제 일은 잘 마무리 하셨습니까? 수고가 많으셨군요. 그럼 오늘도 열심히 하십시다. 깐깐은 아니다. 활기(活氣)차고 또 활기찬 것 같았다. 이것이 맞다. 與上大夫言. 상대부(上大夫)들과 언(言)을 더불어 하였다. 상대부(上大夫)는 경(卿)이다. 삼환(三桓)이 경(卿)인 것이다. 誾誾如也. 온화할 은(誾). 문(門) 안에 언(言)이 있지 않는가? 말하자면 이것이 공손(恭遜)이다. 문(門) 안의 공손이다. 공손하고 또 공손한 것 같았다. 君在. 재(在)는 그 있음이 사이언스이다. 임금이 그냥 있는 것이 아니라 임금의 그 자리로 있다는 것이다. 踧踖如也. 이게 그렇게 좋은 말은 아니다. 삼갈 축(踧). 평평할 척(踖). 글자에 아저씨 숙(叔)이 있지 않는가? 이게 임금이 아버지가 아니라 아저씨이다. 공자가 대부(大夫)들은 다 대우를 해줬는데 정작 임금은 대우를 안 해준다. 왜? 임금의 재(在)를 말하는 것이 아닌가. 임금의 인물이 아니라 그 자리를 말하는 것이다. 적(踖) 밟을 적(踖). 글자에 석(昔)이 있지 않는가? 예 석(昔). 임금이 재(在)한다는 것이 공자에게는 그냥 다 옛날 얘기라는 것이다. 이미 다 아는 얘기이다. 대부(大夫)는 몰라도 임금은 내가 죽일 수 있다. 與與如也. 더불어 하고 또 더불어 하는 것 같았다. 그러니까 남들이 보기에는 그렇다는 것이겠다.

鄉黨 3장
君召使擯 色勃如也 足躩如也 揖所與立 左右手 衣前後 襜如也 趨進 翼如也 賓退 必復命曰 賓不顧矣

君召使擯. 소(召)는 부를 소(召). 이것이 공자를 부른 것이 아니다. 나라가 무슨 구멍가게인가? 이것은 대신(大臣)들을 부른 것이다. 상대부

(上大夫). 안 부르면 계씨(季氏)가 화낸다. 경(卿)들의 생각은 어떠하오? 내 경(卿)의 뜻을 따르리라. 실질적으로 사(使)는 계씨(季氏)가 시킨 것이다. 빈(擯)은 물리칠 빈(擯). 글자가 이미 그렇지 않은가? 남의 나라 사신(使臣)은 물리쳐야 할 대상인 것이다. 色勃如也. 발(勃) 노할 발(勃). 남의 나라 사신(使臣)은 일단은 적(敵)인 것이다. 괜히 남의 나라 이겠는가? 글자는 알아서 찾아보시라. 발끈하다. 낯빛이 발끈한 것 같았다. 足躩如也. 족(足)은 밟다. 바삐 갈 곽(躩). 이것이 앞만 보고 가는 것이 아니다. 이것이 바쁜 것은 전후(前後) 좌우(左右) 세심하고 꼼꼼하게 살피며 가기에 바쁜 것이다. 이제 손님을 맞을 준비는 끝났다. 揖所與立. 읍(揖)하여 입(立)을 더불어 소(所)하였다. 그러니까 의식(儀式) 절차는 끝났다는 것이다. 나라는 구멍가게가 아니다. 반드시 의례(儀禮)의 절차가 있다. 左右手. 이게 뭔 말인지 한참을 보았다. 왼 손, 오른 손. 이것은 서로 먼저 앉으라고 손을 내미는 것이다. 이것도 결코 빼먹을 수 없는 형식이다. 회담이 시작되었다. 衣前後襜如也. 행주치마 첨(襜). 의식(儀式)은 의식(儀式)이고, 대화(對話)는 대화(對話)인 것이다. 이것이 행주치마 전쟁이다. 이것은 따지자면 사(使)의 전쟁이다. 진짜 옷을 바꿔 입었다는 것이 아니라, 전(前)의 그 예복(禮服)이 후(後)의 그 행주치마가 되었다는 것이다. 趨進翼如也. 달아나고 나아감이 마치 날개가 있는 것 같았다. 그러니까 공자가. 이것은 단순이 말발이 아니다. 말발은 뛰어야 벼룩이다. 날개가 있는 것 같았다. 그대가 뛰어야 벼룩이라는 것을 확실하게 인식시켜 주는 것이다. 賓退. 물러날 퇴(退). 물러나는 것은 손님의 입장이고, 공자는 물리친 것이다. 외교(外交)는 전쟁이다. 소리 없는 전쟁이다. 물론 당연한 얘기이다. 必復命曰. 반드시 명(命)을 복(復)하여 말하였다. 賓不顧矣. 손님은 고객(顧客)이 아니다. 고(顧)는

돌아볼 고(顧). 손님이 나를 다시 보자고 하는 일은 없을 것이다.

鄕黨 4장

入公門 鞠躬如也 如不容 立不中門 行不履閾 過位 色勃如也 足躩
如也 其言似不足者 攝齊升堂 鞠躬如也 屏氣似不息者 出降一等 逞顔
色 怡怡如也 沒階 趨進翼如也 復其位 踧踖如也

入公門. 공자가 대사구(大司寇)의 벼슬을 하였는데, 이것이 형조판서
(刑曹判書)이다. 입공문(入公門)은 그렇게 보아야 한다. 鞠躬如也. 국
(鞠)은 국문할 국(鞠). 국문(鞠問). "국청(鞠廳)에서 형장(刑杖)을 가하
여 중죄인(重罪人)을 신문하던 일." 궁(躬)은 아(我)의 몸이다. 공자가 아
(我)의 몸을 신문(訊問)하는 것과 같았다. 如不容. 용(容)은 용인(容認).
용인(容認)할 수 없는 것과 같았다.

立不中門. 공무원이 본인의 문(門)의 중(中)이 아닌 것에 입(立)하여.
行不履閾. 넘지 말아야 할 문지방을 넘어 행(行)한 것이 있어. 過位. 그
직위(職位)를 과(過)한 것이라 생각되면. 色勃如也. 낯빛이 발끈한 것
같았다. 足躩如也. 아주 꼼꼼하고 세밀하게 살펴보는 것 같았다. 其言
似不足者. 그 변명하는 언(言)이 그 행적(行蹟)과 같지 않은 자는. 攝齊
升堂. 법정(法廷)에 세웠다. 섭제승당(攝齊升堂)은 법정(法廷)으로 보
면 된다. 승(升)은 오를 승(升)이 아니라 되 승(升). 鞠躬如也. 공자가 자
기 자신의 아(我)의 몸을 신문하는 것과 같았다. 屏氣似不息者. 죄(罪)
의 입증(立證)이 너무나 분명(分明)하여 아무런 변명(辨明)도 못하는
자. 出降一等. 출문(出門)하거나 일등(一等)을 강등(降等)시켰다. 逞顔

色. 쾌할 령(逞). 얼굴 낯빛이 당당(堂堂)하여. 怡怡如也. 나는 죄가 없다. 나는 잘못이 없다. 이이(怡怡). 이것이 기쁠 이(怡)인가? 여기서 기쁠 일이 도대체 뭐가 있겠는가? 떳떳하고 또 떳떳한 것 같았다. 이렇게 보아야 한다. 떳떳하고 또 떳떳하다고 하는 자. 沒階. 계(階)를 몰(沒)하였다. 층계를 없앴다는 것이다. 판관(判官)과 죄인(罪人)이 같은 바닥에 있다는 것이다. 이것이 바로 덕(德)인 것이다. 형(形)이 아니라 덕(德)으로써 판결하는 것이다. 옳고 그름을 전제하지 않고 따지는 것이다. 趨進翼如也. 달아나고 나아가는 것이 날개가 있는 것 같았다. 이것은 치고 빠지는 것이다. 어차피 한 방은 이미 없는 것이고 치고 빠지는 것이다. 과연 떳떳한 것인지 판단은 내가 한다. 復其位. 그 위(位)를 복직(復職)시켰다. 踧踖如也. 이것은 임금을 대하는 태도로 앞에서 보지 않았나? 죄가 없다 판결이 나면 임금을 대하듯 허리를 깊이 숙였다. 내가 이제는 이미 다 알겠다.

鄉黨 5장
執圭 鞠躬如也 如不勝 上如揖 下如授 勃如戰色 足蹜蹜如有循 享禮 有容色 私覿 愉愉如也

執圭. 집(執)은 집행(執行)이다. 공자는 여전히 대사구(大司寇)이다. 규(圭). 이것은 천자(天子)가 제후(諸侯)를 봉(封)할 때 주는 패(牌)라고 한다. 규(圭)를 집(執)한다. 그럼 이것이 임금을 조사하는 것이다. 鞠躬如也. 아(我)의 몸을 국문(鞠問)하는 것과 같았다. 如不勝. 이길 수 없는 것 같았고. 上如揖. 하늘이 읍(揖)하는 것과 같았다. 감히 내가 임금을 조사할 수는 없다. 그런데 하늘이 읍(揖)하여 조사하라고 시킨다는 것이다. 下如授. 아랫사람으로 하늘에게서 명(命)을 받은 것과 같았다. 勃如戰色. 발끈하여 전쟁(戰爭)에 나가는 낯빛과도 같았다. 足蹜蹜如 有循. 조사하기를 조심하고 또 조심하여 같은 사항을 몇 번씩이나 다시 살펴보니 제자리걸음을 하는 것과도 같았다. 享禮. 향례(享禮). 예(禮) 를 누린다. 누릴 향(享). 재미있는 표현이다. 향락(享樂)에도 이 향(享) 자를 쓴다. 재미있는 표현이다. 이것은 과연 네가 임금이냐를 따지는 것이 다. 네가 과연 임금이 맞는 것이냐를 따지는 것이다. 향(享). 이것은 향락(享樂)과 같은 향(享)이 맞다. 이것은 예(禮)가 무엇인지 알아야 이 해를 할 수 있다. 有容色. 임금이 용인(容認)하는 안색(顏色)이 있다. 과 인(寡人)에게 그런 잘못이 있었구려. 과인(寡人)의 과(寡)과 본시 덕(德) 이 적을 과(寡)이다. 임금이 덕(德)이 적다고 그것을 책(責)할 수 있는 예 (禮)는 진실로 없다. 다만 그것을 용인(容認)하지 않는다면 반드시 그 책 (責)이 따르는 것이다. 私覿. 이것은 임금에 대한 예(禮)이다. 사사 사 (私). 볼 적(覿). 적(覿)이 매(賣)와 견(見)의 형성문자이니 이것이 아이쇼 핑이다. 물건을 살 생각은 없는 것이다. 다만 눈으로만 보고 즐기는 것이 다. 愉愉如也. 즐거울 유(愉). 유쾌(愉快). '즐겁고 상쾌하다.' 유쾌하고 또 유쾌한 것과 같았다. 임금이 스스로의 잘못을 용인(容認)하였다면 그것은 인민(人民)을 위한 복(福)이다.

鄕黨 6장

君子不以紺緅飾 紅紫不以爲褻服 當暑 袗絺綌 必表而出之 緇衣羔 裘 素衣麑衣 黃衣狐裘 褻裘長 短右袂 必有寢衣 長一身有半 狐貉之 厚以居 去喪 無所不佩 非帷裳 必殺之 羔裘玄冠 不以吊 吉月 必朝服 而朝

뭔 소린지 하나도 모르겠다. 공자여. 그대는 비유하여 말하지 말라. 내가 여기서 항복을 해야 하나? 내가 진짜 돈만 좀 있었어도 이거 안 본다. 물론 다른 인간들에게 보게 시키면 된다. 하여튼 돈이 원수이다. 원수를 사랑하라. 사랑하는 마음으로 보기는 보겠지만. 공자여. 그대는 비유하여 말하지 말라. 짜증난다.

君子不以紺緅飾. 군자(君子)는 검은 빛을 띤 푸른색으로써 검은 빛을 띤 붉은색을 꾸미지 않는다. 紅紫不以爲褻服. 붉은색과 자주색은 복(服)하여 더러움을 이룸으로써가 아니다. 當暑 袗絺綌. 당연히 여름에는 고운 갈포이든 거친 갈포이든 하나만 입을 수 있다. 必表而出之. 그러나 그것은 반드시 표(表)가 있고 반드시 출(出)이 있게 마련이다. 緇衣羔裘. 검은 흑양의 갖옷을 입는 것은. 素衣麑衣. 본디 사자의 옷을 입는 것이다. 黃衣狐裘. 누런 여우의 갖옷을 입고. 褻裘長短右袂. 오른편 소매의 장단(長短)을 따지는 것은 더러운 갖옷이다. 必有寢衣 長一身有半. 침상의 옷이라도 반드시 일신(一身)의 반을 가릴 수 있게 길어야 한다. 狐貉之厚以居 去喪. 여우와 담비의 두터움으로 거(居)한다면, 상(喪)을 돌보지 않을 것이다. 無所不佩. 소(所)가 없으면 패(佩)가 아닌 것이다. 非帷裳 必殺之. 휘장의 치마가 아니라면 반드시 죽음을 당할 것이다. 羔裘玄冠 不以吊 흑양의 갖옷과 검은 관(冠)은 주어짐으로써가 아니다. 吉月 必朝服而朝. 그렇다면 길월(吉月)에 반드시 조(朝)는 다른 조(朝)에 복(服)할 것이다.

내가 이미 여러 번 보았다. 내가 다시 여러 번 보는 것보다 똑똑하고 잘난 선생들이 한 번 다시 보는 것이 더 낫다. 대체로 보아 이것은 50점이다. 그러니까 일신(一身)의 반(半)은 가린 것이다. 지금 나의 글쓰기가 거의 침상(寢牀)의 글쓰기이다. 부끄럽다. 이것이 임금에 대한 말이지만, 내가 보기에 공자가 임금에게 직접 이런 말을 할 만큼 그런 배포는 없다. 앞에서는 웃었지만 뒤에서는 책(責)하는 것이다. 물론 이것은 임금도 같다. 임금도 뒤에서는 반드시 스스로를 책(責)하여야 한다.

공자가 자기 당(黨)에 와서 제자(弟子) 곧 안회(顔回)에게 하는 말이겠다. 다른 제자들에게도 하는 말인지는 내가 잘 모르겠다.

鄕黨 7장
齊必有明衣 布 齊必變食 居必遷坐

齊必有明衣. 제(齊)는 제가(齊家)이다. 앞에서 조(朝)의 망조(亡兆)를 보지 않았는가. 이어지는 말씀이다.

必有明衣布. 반드시 있다면. 밝을 명(明). 베옷을 입음에. 대부(大夫)가 베옷을 입음에 반드시 밝음이 있다면. 뭔 소리인지는 그냥 알아들으시라. 齊必變食. 반드시 식(食)이 변한다. 식(食)은 일식(日食). 변(變)은 변화(變化). 居必遷坐. 거(居)함이 반드시 자리를 옮긴다.

솔직히 이것이 공자의 말인지 의심스럽다. 이것은 거의 하느님 말씀이다. 이 대부(大夫)가 다음 왕(王)의 왕조(王朝)를 이루는 것이다. 내가 설명하기도 약간 두렵다. 이것은 극비(極秘)인 것이다. 대부(大夫)의 일은 베옷을 입고 반드시 명(明)하는 것까지이다. 그 다음의 변(變)과 천

(遷)은 하늘의 일이다. 천명(天命). 그 명(命)에 따라 변(變)하고 천(遷)하는 것이다.

이어지는 장이 변(變)과 천(遷)을 말하는 것이다.

鄕黨 8장

食不厭精 膾不厭細 食饐而餲 魚餒而肉敗 不食 色惡不食 臭惡不食
失飪不食 不時不食 割不正不食 不得其醬不食 肉雖多 不使勝食氣 惟
酒無量 不及亂 沽酒市脯 不食 不撤薑食 不多食 祭於公 不宿肉 祭肉
不出三日 出三日 不食之矣 食不語 寢不言 雖疏食菜羹 瓜祭 必齊
如也

食不厭精. 먹음에 하얀 쌀밥을 싫어하지 않는다. 좀 이상하게 변(變)한 것이 아닌가? 그럼 이것이 지금까지는 하얀 쌀밥을 싫어했다는 것이다. 염(厭)이 염세(厭世)의 염(厭)이다. 그러니까 그 변(變)함이 이제는 세(世)를 싫어하지 않는다. 膾不厭細. 얇게 썬 고기의 세밀(細密)함을 싫어하지 않는다. 이것이 무슨 말인가 하면, 호의호식(好衣好食)하는 인간들을 미워했는데 이제는 미워하지 않는다. 食饐而餲. 쉰내가 나는 밥이나 남이 먹다 남긴 것. 魚餒而肉敗. 살은 다 발려 먹고 가시만 남은 것, 뼈다귀만 남은 것. 不食. 이제는 먹지 않는다. 지금까지는 그렇게 먹었다. 色惡不食. 색이 더러운 것을 먹지 않고. 臭惡不食. 냄새가 고약한 것을 먹지 않는다. 失飪不食. 아직 덜 여문 이삭을 훑어 먹지 않고. 不時不食. 아직 덜 여문 과일을 따 먹지 않는다. 割不正不食. 병들어 죽은 고기는 먹지 않고, 不得其醬不食. 찍어 먹을 그 장(醬)을 득

(得)하지 않으면 먹지 않는다. 그러니까 쇠고기는 기름간장에, 돼지고기는 양념된장에. 肉雖多. 고기가 비록 많을지라도. 不使勝食氣. 식기(食氣)를 승(勝)하게 사(使)하지 않는다. 남은 고기가 아까워서 다 먹는 법이 없다는 것이다. 이것이 변(變)해도 너무 심(甚)하게 변(變)한 것이 아닌가? 비록 천명(天命)이라 할지라도 이것이 좀 심(甚)한 것이 아닌가? 惟酒無量. 오직 술의 량(量)은 제한이 없다. 不及亂. 난(亂)에 미치지 않으면 된다. 沽酒市脯 不食. 그러나 시장바닥의 싸구려 술과 포는 먹지 않는다. 不撤薑食. 강장제(强壯劑)는 마다하지 않는다. 不多食. 물론 많이 먹지는 않는다. 祭於公. 나라에 제사가 있다. 不宿肉 祭肉. 나라의 큰 축제(祝祭)는 고기가 잠을 자지 않는 것이다. 不出三日. 삼일은 나갈 수가 없다. 그 숙취(宿醉)가 삼일은 걸린다는 것이다. 出三日. 삼일 후에 나가면. 不食之矣. 그렇게 먹지는 않는다. 食不語. 식(食)은 더 말하지 않고. 寢不言. 침(寢)은 언(言)하지 않겠다. 왜? 침(寢)도 하지? 사람이 어찌 밥만 먹고 사는가? 雖疏食菜羹. 소통할 소(疏). 소(疏)는 인맥관리의 소통(疏通)이다. 선생님들 책에는 소(疏)라고 되어 있는데 별 상관없다. 비록 나물 반찬과 나물국을 먹는 것과 소통한다. 그러니까 말하자면, 여자는 안 가리신단다. 물론 그 출신(出身)을 안 가리신다는 것이다. 너무나 당연한 말씀이기에, 굳이 따로 언(言)하실 말씀이 없으시다는 것이겠다. 爪祭. 손톱 조(爪). 손톱만 조심하란다. 손톱이 제(祭)이다. 必齊如也. 반드시 제(齊)는 이와 같아야 한다. 제(齊)는 제가(齊家)의 제(齊)이다.

이것은 안회(顔回)를 위한 말씀이다.

鄕黨 9장
席不正 不坐

자리가 바르지 않으면 앉지 않는다.

누울 자리를 보고 발을 뻗으라는 말씀이겠다. 부디 아무거나 아는 척
하지 마시라.

鄕黨 10장
鄕人飮酒 杖者出 斯出矣 鄕人儺 朝服而立於阼階

鄕人飮酒. 향(鄕)은 경향(京鄕)의 향(鄕)이다. 본시 경(京)은 임금이
사는 울타리 안을 경(京)이라 한다. 그러니까 임금이 사는 궁(宮)의 앞
마당이 경(京)이고 뒤뜰이 경(京)인 것이다. 경(京)의 담벼락 밖은 서울
이라도 그냥 다 향(鄕)이다. 처음엔 서울의 궁궐 담벼락 밖이 향(鄕)이었
고, 나중엔 사대문(四大門) 밖이 향(鄕)이었고, 지금은 그냥 서울 밖을
향(鄕)이라고 한다. 경(京)의 의미가 그만큼 점점 넓어진 것이다. 그만큼
점점 엷어진 것이다. 임금의 마당이 그만큼 넓어진 것이라 좋은 의미로
해석할 수도 있지만, 정작 그 반대이다. 나도 경인(京人)이라 하는 인간
들이 그만큼 더 많아지는 것이다. 그렇지만 아무리 그래도 임금의 얼굴
을 직접 한 번 봐야 경인(京人)인 것이다.

鄕人飮酒. 향인(鄕人)들과 술을 마실 때엔. 杖者出. 지팡이를 짚은
노인(老人)이 나온 후에야. 斯出矣. 이것이 나가야 한다. 사(斯)는 이 사

(斯). 이것. 천할 사(斯). 나는 경인(京人)인 것이다. 당신들은 향인(鄕人)이고. 나는 임금의 얼굴을 보는 사람이고. 당신들은 내 얼굴을 보는 사람이고. 내가 먼저 들어가서 나중에 노인(老人)이 들어오면 내가 일어설 수가 없다. 왜냐하면 나는 경인(京人)이다. 노인(老人)이 먼저 들어가고 내가 나중에 들어가면 노인(老人)이 일어서지 않아도 된다. 이것이 정좌(正坐)이다.

鄕人儺. 나(儺)는 푸닥거리 나(儺). 술을 먹었으면 집에 가서 곱게 잠이나 잘 것이지 뭔 푸닥거리인가? 안 보는 데선 나라님 욕도 한다지만 내가 지금 보고 있지 않은가? 나는 경인(京人)인 것이다. 내가 임금에게 고자질하면 그대들이 살아남지 못한다. 그대들이 나를 뭘로 보는 것인가? 나는 경인(京人)이다. 나는 그대들 편에서 그대들과 같이 임금을 욕할 수 있는 자(者)가 아니다. 朝服而立於阼階. 조복(朝服)을 입고 동쪽 섬돌에 입(立)하였다. 내가 곧 욕먹는 임금이다. 말을 하라. 돌을 던져도 상관없다.

鄕黨 11장
問人於他邦 再拜而送之 康子饋藥 拜而受之 曰 丘未達 不敢嘗

問人於他邦. 문(問)은 문안(問安). 타방(他邦)이 꼭 다른 나라는 아니다. 가령 공자가 처음 읍재(邑宰)를 하였는데 다른 읍(邑)이 그냥 타방(他邦)인 것이다. 이것이 지방자치(地方自治)인 까닭이다. 선출(選出)하지 않고 봉(封)하였을 뿐이지 아무튼 이것은 지방자치이다. 읍재(邑宰)는 임명(任命)하는 것이 아니다. 주나라의 봉건제가 본시 원칙적으로 그렇다. 물론 계씨(季氏)와 같은 경우 이미 여러 읍(邑)을 소유(所有)하고 있고 읍재(邑宰)를 임명(任命)할 수도 있다. 그러나 그렇다고 하더라도 맹씨(孟氏)의 읍(邑)은 타방(他邦)인 것이다.

問人於他邦. 타방(他邦)에 있는 사람에 안부(安否)를 물었다. 再拜而送之. 편지(便紙)에 이미 안부를 물은 것이다. 인편(人便)에 재차(再次) 안부를 물었다는 것이다. 구(丘)가 안부를 묻더라고 잘 좀 말씀해 주세요. 여기서 재배(再拜)가 무슨 두 번 절하고 그런 거 아니다. 康子饋藥. 그런데 이 분이 오히려 공자의 건강을 걱정하여 약(藥)을 보내 왔단다. 拜而受之. 배(拜). 그럼 이것은 편지는 안 보낸 것이다. 인편에 그냥 감사 인사만 전한 것이다. 그리고 그 약(藥)을 받았다. 曰. 공자가 말했다. 丘未達. 구(丘)는 아직 달(達)하지 못했다. 不敢嘗. 감히 이것을 맛볼 수 없다.

나는 걱정하여 편지를 보냈는데, 이 분은 걱정하여 약(藥)까지 보내주었다. 약(藥)을 사먹을 돈이 없어 보였으면 공자가 당연히 약(藥)을 같이 사 보냈을 것이다. 공자가 약(藥)을 사먹을 돈 정도는 있다는 것을 이 분도 분명히 안다. 어렵다. 이것은 진짜 어렵다. 나도 이것이 상당히 어렵다. 인간의 라이프에 나는 거의 무지(無知)하다. 공자가 미달(未達)을 쓰지 않았는가? 이것은 상당히 어렵고 또 상당히 복잡한 것이다. 이것이 정좌(正坐)인 것인지는 내가 잘 모르겠다. 라이프의 오고가는 물질 속에 싹트는 정(情)을 사이언스는 거의 혐오하는 것이다. 공자가 말하는 달(達)은 8장을 참고하면 된다. 공자가 아직 그렇게 제(齊)를 하지는 못하였다는 것이다.

다시 보니 이것이 위(衛)나라로 사람을 보낸 듯도 싶다. 위(衛)나라에 망명(亡命)을 타진한 것이다. 아마도 이게 더 맞을 듯싶다. 해석은 알아서 하시라. 문제는 없다.

鄕黨 12장
廐焚 子退朝 曰 傷人乎 不問馬

廐焚. 마구간 구(廐). 불사를 분(焚). 내가 보기에 분(焚)이 타동사이다. 이것은 누가 불을 지른 것이다. 나는 이것이 계씨(季氏)라고 본다. 子退朝. 조정(朝廷)에서 공자가 계씨의 심기(心氣)를 심하게 터치한 것이다. 공자가 퇴(退)하기도 전에 이미 집에 불이 난 것이다. 이것은 경고이다.

傷人乎. 사람이 상하였는가? 不問馬. 말은 묻지 않았다. 지금 말이 중요한 게 아니에요. 말은 물을 필요도 없어. 지금 그럴 상황이 아니야.

鄕黨 13장
君賜食 必正席先嘗之 君賜腥 必熟而薦之 君賜生 必畜之 侍食於君 君祭 先飯 疾 君視之 東首 加朝服拖紳 君命召 不俟駕行矣

君賜食. 사(賜)는 하사(下賜). 임금이 음식을 하사했다. 必正席先嘗之. 반드시 앉은 자리에서 그것을 먼저 맛보았다. 임금이 뭘 하사하면 반드시 일어나서 먼저 읍(揖)해야 한다. 그것은 기초적이고도 상식적인 너무나 당연한 예(禮)이다. 君賜腥. 임금이 날고기를 하사했다. 必熟而

128   論語解

薦之. 반드시 익혀서 그것을 다시 임금에게 천거(薦擧)했다. 고기는 익혀야 맛있습니다. 익혀서 드십시오. 君賜生. 임금이 살아있는 짐승을 하사했다. 必畜之 侍食於君. 반드시 그 짐승으로 임금에게 음식으로 대접했다. 내가 보기에 이 짐승은 애완용이다. 君祭 先飯疾 君視之. 임금의 제사에서 임금은 먼저 배탈이 나고 임금이 그것을 보면. 그러니까 임금이 자기가 배탈이 났다는 것을 그 보고서를 보고서야 아는 것이다. 東首 加朝服拖紳. 동쪽의 우두머리가 조복(朝服)에 큰 띠를 끌어당겨 가(加)하고. 君命召. 임금의 명(命)으로 불렀다. 不俟駕行矣. 임금이 타는 수레행렬이 임금을 기다리지 않았다.

이것은 너무 뻔한 스토리이다. 이미 다 안다.

鄕黨 14장
入太廟 每事問

이것은 보았다. 찾아보시라. 공자가 죽으려고 환장을 한 것이다. 공자여. 그대는 예수가 아니다. 죽기가 그리 쉬운 줄 아는가? 아마도 공자는 뭔가 믿는 구석이 있었을 것이다. 계씨(季氏)가 자기를 죽이지 못할 것이라는. 아마도 뭔가가 있었을 것이다. 아니면 이건 그냥 미친 짓이다. 당신이 지금 잔을 올려야 합니까? 당신이 지금 절을 해야 합니까? 당신이 절은 네 번을 하는 것입니까? 아무튼, 내가 말이 부족하여 그렇지, 진짜로 이렇게 물었다.

鄕黨 15장

朋友死 無所歸 曰 於我殯 朋友之饋 雖車馬 非祭肉 不拜

朋友死. 누가 죽었는가? 이 사건으로 누군가 죽었다. 無所歸. 귀(歸)
는 귀천(歸天). 돌아갈 하늘의 곳이 없다. 돌아갈 하늘의 바가 없다. 이
게 뭔 소리여? 모르겠다. 曰. 공자가 말했다. 於我殯. 나는 공자가 이런
말을 할 때 솔직히 좀 짜증난다. 공자여. 그대는 예수가 아니다. 내가
몇 번을 말하는가. 그대의 이름이 붙은 하늘나라는 없다. 그대의 명패
(名牌)가 붙은 하늘나라는 없는 것이다. 그대를 속인 이 미친 신(神)이
누구인지는 내가 잘 모르겠지만. 아무튼. '아(我)에게 장사지내라.' 이게
무슨 말인가 하면, 자기가 죽을 때 같이 하늘나라 간다는 것이다. 이것
이 예수가 한 말이다. 미안하지만, 예수도 아직 하늘나라 못 갔다. 그러
나 그것은 애초에 감안한 것이기에 따질 것이 없고. 공자여? 그대는 뭘
믿고 이런 소리를 하는가?

朋友之饋. 궤(饋) 보낼 궤(饋). 붕우(朋友)는 죽었다. 이것은 죽은 붕
우(朋友)가 보낸 것이다. 雖車馬. 비록 차(車)와 마(馬)라 할지라도. 非
祭肉. 제(祭)의 고기가 아니라면. 이것은 아주 간단한 문제이다. 여기서
육(肉)은 공자 자신이다. 내가 제(祭)의 제물(祭物)이 아니라면. 不拜.
우리는 그냥 모르는 사람이다. 해석에 억지가 좀 있다. 좀 많다. 분명 누
가 죽기는 죽었는데 누가 죽었는지 내가 몰라서 그렇다. 차(車)와 마(馬)
는 전차(戰車)와 병마(兵馬)이다. 그러니까 죽은 붕우(朋友)가 전차와
병마를 보냈다는 것이다. 복수를 하라. 원한을 풀라. 그러니까, 붕우의
복수를 위한 힘이 충분히 갖추어져 있다고 하더라도, 공자 자신이 제

(祭)의 육(肉)이 아니라면, 거절하겠다는 것이다.

鄕黨 16장

寢不尸 居不容 見齊衰者 雖狎 必變 見冕者與瞽者 雖褻 必以貌 凶
服者 式之式負版者 有盛饌 必變 色而作 迅雷風烈 必變

寢不尸. 시(尸) 주검 시(尸). 잠을 자지만 죽은 것은 아니다. 이것이 무
엇인지는 아는 자는 알 것이다. 이것은 신경이 아주 날카로운 것이다.
그러면서도 아주 무거운 것이다. 무겁고도 아주 날카로운 것이다. 마치
전쟁을 앞둔 장수의 그것이 이것이다. 居不容. 거(居)함에 용납(容納)하
지 않는다. 집안에 홀로 있어도 흐트러짐을 용납(容納)하지 않는다는 것
이다. 말이 부족함이 부끄럽다. 공자의 비장함을 느낄 수 있어야 한다.

見齊衰者. 쇠할 쇠(衰). 이것이 도롱이 사(蓑)와 뿌리가 같은 글자이
다. 그러니까 거적만 뒤집어썼다는 것이다. 거적을 가지런하게 뒤집어쓴
자(者). 그럼 거적을 어떻게 쓰면 가지런한 것인가? 나도 모른다. 여기서
공자가 견(見)하는 제(齊)는 사실 쇠(衰)와 별 상관이 없다. 雖狎. 익숙
할 압(狎). 이것이 큰 개 견(犭)과 갑(甲)이다. 그럼 이것이 거의 미친놈이
다. 아무나 보고 아는 척하고 반말하고 친한 척 하고 그런 인간이다. 비
록 그런 인간이라 할지라도. 必變. 반드시 변(變)하였다. 그러니까 그 제
(齊)를 보는 것이다. 이것은 보통 사람들이 보기 어려운 것이다. 그냥 그
렇다고 하자. 見冕者與瞽者. 이건 전에 본 것이 아닌가? 견(見)하기에는
면류관(冕旒冠)을 썼는데 소경인 자. 자기가 면류관의 관상이 있는데도
본인은 모르는 자. 어차피 이거 말해도 당신들은 잘 모른다. 견(見)을

득(得)해야 알 수 있다. 雖褻. 더러울 설(褻). 이 더러움은 추잡함이다. 기생오라비이다. 난봉꾼. 비록 난봉꾼이라 할지라도. 必以貌. 얼굴 모 (貌). 반드시 그 얼굴 모양을 세밀하게 뜯어보았다. 凶服者. 이것은 글 자를 보자면 억울하게 누명을 쓴 자이다. 式之式負版者. 그러니까 이것 이 사회부적응자이다. 아웃사이더. 有盛饌. 반찬의 성(盛)함이 있다면. 성(盛)은 무성(茂盛). 이것이 인간들의 입맛에 안 맞을 뿐이지 충분히 먹을 수 있는 반찬이다. 공자가 요리를 한다면. 必變. 반드시 변(變)했 다. 色而作. 낯빛을 작(作)하는 것이다. 迅雷風烈. 천둥과 같이 빠르게. 매서운 바람이 부는 것과 같이. 必變. 반드시 변(變)했다.

공자가 고생이 많다. 진흙탕에서 인재(人材)를 구(求)하는 것이다. "건 축자들의 버린 돌이 모퉁이의 머릿돌이 되었느니라." 아마도 공자도 기 록된 말씀을 이루려 함이겠다. 공자가 명패가 없을 뿐이지 아는 것도 많고 상당히 똑똑하다.

鄕黨 17장
升車 必正立 執綏 車中 不內顧 不疾言 不親指

升車. 이것이 승차(乘車)가 아니지 않는가? 승(升)과 승(乘)은 아주 글 자가 다르지 않는가? 차(車)에 오르다, 승(乘). 성적(成績)이 오르다, 승 (升). 물론 승(昇)을 쓰지만 승(升)과 승(昇)은 통하는 글자이다. 그렇지 만 승(升)과 승(乘)은 어찌 통하는가? 나는 잘 모르겠다. 승(升)은 되 승 (升). 이것이 차(車) 고르는 것이다. 16장과 이어서 보면 된다. 사람을 고 르는 것이 차(車)를 고르는 것과 같다. 必正立. 차(車)는 반드시 입(立)

이 정(正)해야 한다. 안 그러면 달리다가 뒤집어진다. 사람도 마찬가지이다. 반드시 입(立)이 정(正)해야 한다. 그래야 일을 믿고 맡길 수 있다. 執綏. 편안할 수(綏). 이 편안함은 그냥 편안(便安)함이 아니라 신뢰(信賴)에서 오는 안정(安定)이다.

車中. 이것은 운전 중이다. 그러니까 이미 사람에게 일을 맡긴 것이다. 不內顧. "의심이 나면 사람을 쓰지 말고 일단 사람을 썼으면 의심하지 말라." 이 얘기가 이 얘기이다. 의심하지 않는다. '돌아봄을 들이지 않는다.' 차(車)도 의심나면 못 탄다. 不疾言. 운전 중에 잔소리 하지 않는다. 이 똥차가 나가지를 않네. 더 밟아 봐라. 不親指. 운전 중에 이리 가라 저리 가라 그것이 친절(親切)이 아니다. 이리 가라 하면 저리 가는 수가 있다.

하여튼 공자가 고생이 많다.

鄕黨 18장
色斯擧矣 翔而後集 曰 山梁雌雉 時哉時哉 子路共之 三嗅而作

色斯擧矣. 자로(子路)가 연애(戀愛)하는가? 이것이 분명히 그것인데. 色斯擧矣. 이 색(色)이 바로 그 색(色)이다. 근데 선생님들은 무슨 새 얘기를 하시는가? 엉뚱한 데서는 색(色)을 밝히시더니 정작 필요한 때에서는 새가 되었다. 색(色) 이것은 일으키는 것이다. 翔而後集. 매의 눈으로 빙빙 돌아날다가 후(後) 집중(集中)한다. 이것이 물수리 얘기와 비슷하다. 그런데 이것은 물고기가 아니라 산토끼 잡는 것 같다. 曰. 공자가 말했다. 山梁雌雉. 산의 들보와 암컷의 꿩. 산토끼든 꿩이든 상관없다. 時哉時哉. 기회(機會)이다. 기회(機會)이다. 子路共之. 자로(子路)가 그 것을 공(共)하였다. 그러니까 말씀을 접수했다는 것이다. 三嗅而作. 세 번 냄새를 맡고 작(作)하였다. 자로(子路)에겐 날개가 없으니, 시각이 아 니라 후각을 쓰면 된다. 성공을 했는지는 잘 모르겠다. 작업(作業)에 들 어갔다는 말씀으로 말씀은 마쳤다.

色斯擧矣. '색(色) 이것은 일으키는 것이다.' 용기 있는 자가 미인을 얻 는다는 것이다. 그러니까 자로(子路)가 용기(勇氣)가 부족해 보여, 공자 가 조언을 좀 준 듯싶다. 하여튼 이 공자는 모르는 게 없다. 별 걸 다 가 르친다.

마지막 장이 향당편의 분위기와 어울리지 않을 듯싶은데, 잘 어울 린다.

先進

先進 1장
子曰 先進於禮樂 野人也 後進於禮樂 君子也 如用之 則吾從先進

子曰. 공자가 말했다. 先進於禮樂. 선(先)은 시(始)로 보는 것이고, 전 (前)은 초(初)로 보는 것이다. 한국어에서는 선(先)이 우선이고 전(前)이 먼저나 쓰임의 명확한 구분은 없어 보인다. 선(先)은 이어짐이 실선과 같고 전(前)은 이어짐이 점선과 같다. 선(先)은 현재진행형이고 전(前)은 과거완료형이다.

先進於禮樂. 여기서 예악(禮樂)은 지금 모르는 것이다. 이것이 안다고 하니까 자꾸 모르게 되는 것이다. 이것은 예악(禮樂)을 알기 위해서 예악(禮樂)에 진(進)하는 것이다. 선(先)을 쓴 것은 당연히 후(後)로 이어지기를 바라는 것이다. 野人也. 야인(野人). "교양이 없고 예절을 모르는 사람." "아무 곳에도 소속하지 않은 채 지내는 사람." "시골에 사는 사람." 틀린 말이 없다. 後進於禮樂. 후(後)는 후세(後世). 여전히 예악(禮樂)은 모르는 것이다. 알고자 진(進)하는 것이다. 지금의 인간들도 여전히 야인(野人)이다. 내가 보기에 하나도 진(進)한 것이 없다. 君子也. 여전히 이렇게 말해야 한다. '후(後)에 진(進)하는 자는 군자(君子)이다.' 사실, 나는 군자(君子)이다. 그런데, 이 덕(德)도 모르는 인간들 때문에, 나는 지금 여전히 그냥 야인(野人)이다. 나보고 교양이 없고 예절을 모른다고 한다. 기가 막히고 코가 막힌다. 다만 진(進)하는 것이겠다.

如用之. 여기 주어는 뒤에 오(吾)를 받아야 한다. 즉(則)으로 연결되지 않는가. 이것이 동격(同格)이다. 용(用)은 등용(登用). 내가 지금 덕같이 용(用)되는 것이. 則吾從先進. 즉(則), 나는 선진(先進)을 종(從)하는 것이다. 종(從)은 좇다. 야(野)를 보지 않았는가? 헤매고 또 헤매는 것이다. 진(進)의 방법론이 헤매고 또 헤매는 것이다. 길을 찾고자 헤매고 또 헤매는 것이다.

先進 2장

子曰 從我於陳蔡者 皆不及門也 德行 顏淵閔子騫冉伯牛仲弓 言語
宰我子貢 政事 冉有季路 文學 子游子夏

子曰. 공자가 말했다. 從我於陳蔡者. 진(陳)은 진중(陣中)의 진(陳).
시험이다. 시험에서 아(我)를 종(從)한다고 채(蔡)한 자(者). 채(蔡)를 어
찌 번역해야 하는지를 잘 모르겠다. 무식한 말로 하자면, 씨불이다. "주
책없이 함부로 실없는 말을 하다." 아니다. 그냥 학생들의 시험 답안(答
案)으로 보면 되겠다. 皆不及門也. 다 문(門)에 미치지 못하였다. 德行
顏淵閔子騫冉伯牛仲弓. 덕행(德行)은 안연, 민자건, 염백우, 중궁. 言
語 宰我子貢. 언어(言語)는 재아, 자공. 政事 冉有季路. 정사(政事)는
염유, 계로. 文學 子游子夏. 문학(文學)은 자유, 자하.

자로(子路)가 진짜 개명(改名)을 하였는가? 계로(季路)라고 하네? 그럼
이것은 공자가 유랑에서 노나라로 돌아오고 다음에 치른 시험이다. 이
것이 각 과목별 상위권 제자들의 이름을 부른 것이다. 덕행(德行), 언어
(言語), 정사(政事), 문학(文學). 아(我)를 종(從)한다고 정성을 들여 답
안(答案)을 내었지만, 그대들 모두 아(我)의 문(門)에 미치지는 못하였
다. 그런데 염백우는 안 죽었나? 문둥병이 아마도 반드시 죽는 병은 아
닐 듯싶다. 잘 모르겠다.

先進 3장
子曰 回也 非助我者也 於吾言 無所不說

子曰. 공자가 말했다. 回也. 안회(顏回)는. 非助我者也. 아(我)를 조력(助力)하는 자(者)가 아니다. 於吾言. 오(吾)의 언(言)에. 無所不說. 설(說)하지 않는 바가 없다.

안회(顏回)를 보지 않았나? 이것이 앉은뱅이 왕(王)이다. 광(匡). 문(文)에는 이미 도통(道通)한 놈이다. 공자가 언(言)에 지리를 매설해 놓았는데 안회가 다 찾아 버렸다. 혼자만 알고 있으면 누가 뭐라 하나. 지가 먼저 설(說)을 다 해 버렸다. 이것이 왜 문제냐면, 이것이 앉은뱅이 왕(王)이다. 이것이 설(說)하는 것은 다 앉은뱅이를 만드는 것과 같다. 물론 당연히 너무나 당연하게 안회(顏回)는 그것이 선(善)의 마음이다. 안회는 선(善)하다. 문제는 선(善)이 아니라 미(美)인 것이다. 이것은 미(美)를 이루는 것이다. 선(善)을 이루는 것이 아니다. 그것은 애초에 아니다. 내가 보기에 안회(顏回)도 불가(佛家)에 태어났어야 했을 듯싶다.

先進 4장
子曰 孝哉 閔子騫 人不間於其父母昆弟之言

子曰. 공자가 말했다. 孝哉. 효자(孝子)구나. 閔子騫. 민자건. 人不間於其父母昆弟之言. 아마도 민자건(閔子騫)이 아주 어려서 엄마가 죽고, 아버지가 재혼을 한 것이겠다. 그리고 새엄마가 아들을 또 여럿 낳았다. 그러니까 민자건에게 아우들이다. 곤제(昆弟). 이것은 형제(兄弟)가 아니라 그냥 줄줄이 딸린 아우들이다. 그런데 이 새엄마가 고약했다고 한다. 나는 잘 모르고 선생님들의 책에 있다. 人不間. 사람들이 문(問)하지 않았다. 於其父母昆弟之言. 그 부모(父母)와 줄줄이 딸린 아우들의 언(言)에. 그럼 그 부모와 아우들이 무슨 언(言)을 어떻게 했겠는가? 우리 큰 아들이 참 효자에요. 내 배로 낳지는 않았지만 정말 나를 진짜 엄마로 생각한다니까요? 우리 형이 우리한테 얼마나 잘해 주는데요. 진짜 형 같아요. 人不間. 사람들이 아무런 문(問)을 하지 않았다. 그런데 이 인(人)은 어느 사람들인가? 동네 사람인가? 동네 사람들이 모를 수는 없다. 민자건이 지금 나이가 몇인가? 안회보다 15세가 위란다. 그러면 지금 적어도 거의 30이다. 아닌가? 안회가 아직 태어나기도 전인가? 그럼 동네 사람이 모를 수가 없는데? 아무튼 효(孝)는 어려운 것이다. 무슨 말인지는 모르겠다.

先進 5장
南容三復白圭 孔子以其兄之子妻之

南容三復白圭. 남용(南容)이 백규(白圭)의 시구(詩句)를 세 번 되풀이 하였다. 孔子以其兄之子妻之. 공자가 그 형의 딸을 시집보냈다.

내가 보기에 이것이 거의 '따님을 제게 주십시오.' 이런 분위기 같다. 공자의 형은 죽었다. 그럼 조카딸도 그냥 딸이다. 혼사(婚事)는 작은아버지의 허락을 받아야 한다. 백규(白圭)가 시경(詩經)의 대아(大雅) 억(抑)편에 나온단다. 인터넷 찾아서 한글로 한 번 봤는데, 무지 길다. 시(詩)는 찾아보시라. 이것이 제후(諸侯)들의 아(雅)의 시(詩)이다. 이것은 인민(人民)들의 풍(風)의 시(詩)가 아니다. "白圭之玷 尙可磨也 斯言之玷 不可爲也" 규(圭)가 제후를 봉(封)할 때 주는 무슨 증표(證票)라고 보지 않았나? 나는 봤는데 모르겠다. 아무튼 이 규(圭)가 그 규(圭)다.

점(玷) 이지러질 점(玷). 이것은 귀퉁이가 조금 떨어져 나갔다는 것이다. 그러니까 제후의 위엄이 약간 손상되었다. 尙可磨也. 그러나 이것은 갈아버리면 오히려 더 빛이 난다는 것이다. 제후가 제후의 잘못을 깨닫고 고치면 인민들에게 큰 복이다. 斯言之玷. 그러나 이 말씀의 점(玷)은. 귀퉁이가 떨어져 나갔으니 이것은 날카로운 것이다. 이 시(詩)의 말씀들이 다 제후들에게 훈계(訓戒)하는 말씀이다. 不可爲也. 위(爲)함이 불가(不可)하다. 갈아버림이 옳지 않다. 시(詩)의 말씀을 갈아서 순하게 듣지 말고, 귀에 따갑게 들으라는 말씀이다.

남용(南容)이 세 번 되풀이 하였다. 따님을 행복하게 해 주겠습니다. 이건 좀 아닌 것 같다. 따님을 죽는 날까지 평생 제 마음에 품겠습니다. 미안하다. 좀 오그라든다. 그래도 할 수 없다. 귀인을 얻기가 쉬운 게 아니다. 따님이 행복할 수 있기를 죽는 날까지 뼈에 새기고 어기지 않겠습니다. 아무튼 삼복(三復)이 거의 이런 느낌일 것 같은데, 내용은 잘 모르겠다. 남용을 한 번 보지 않았나? 나라에 도가 있어도 잘 살고, 나라에 도가 없어도 잘 살고. 내가 보기에 이 인간이 결코 가난한 인간이 아니다. 남용(南容)이 귀족(貴族)인가? 어찌 아(雅)의 시(詩)를 인용하는가? 아무튼 명심(銘心)하시고 잘 사시라.

三復. 이것은 공자가 두 번 거절한 것이다. 이것은 마땅한 예(禮)이다. 마땅히 조카딸을 대신해서 예(禮)로써 거절한 것이다. 여러 번 다시 다짐을 받고 허락했다.

先進 6장

季康子問 弟子孰爲好學 孔子對曰 有顔回者好學 不幸短命死矣 今
也則亡

季康子問. 계강자(季康子)가 물었다. 弟子孰爲好學. 학(學)을 호(好)
함을 이룬 제자(弟子)가 누구인가? 孔子對曰. 공자가 대(對)하여 말하
였다. 有顔回者好學. 안회(顔回)라는 자(者)가 학(學)을 호(好)함이 있
었는데. 不幸短命死矣. 불행(不幸)히도 명(命)이 짧아 죽었다. 今也則
亡. 지금이야 그냥 망(亡)이다. 지금은 없다.

先進 7장

顔淵死 顔路請子之車以爲之槨 子曰 才不才 亦各言其子也 鯉也死
有棺而無槨 吾不徒行以爲之槨 以吾從大夫之後 不可徒行也

顔淵死. 안회(顔回)가 죽었다. 顔路請子之車以爲之槨. 안로(顔路)는
안회(顔回)의 아버지이다. 이것이 공자(孔子)의 차(車)를 팔자는 것이 아
니다. 내 자식(子息)의 차(車)를 팔자는 것이다. 이게 말이 되겠는가? 공
자의 차(車)를 팔아서 자기 자식의 관(棺)을 꾸미자는 게? 말이 안 된
다. 공자의 가(家)가 거지가 아니다. 안회(顔回)는 수제자(首弟子)이다.
왜 차(車)가 없겠는가? 안회(顔回)가 돈이 없어서 빈민굴에 산 것이 아
니다. 떠나려는 놈을 잡았는데 당연히 돈이라도 많이 주었을 것이다.
돈은 다 아버지를 준 것이다. 아버지 지금 부자이다. 부자이기에 관을
꾸미며 외관(外棺)을 쓰자는 것이다. 아들이 쓰던 차(車)를 뜯어서. 진짜
차(車)를 팔자는 게 아니라. 자식이 타던 차(車)의 나무로. 관(棺)을 보

호하는 외관(外棺)을 하나 더 쓰자는 것이다. 子曰. 공자가 말했다. 才不才. 재주가 그 재주가 아니다. 亦各言其子也. 또한 각기 그 자식을 말할 수 있다. 鯉也死. 내 아들 리(鯉)가 죽었을 때. 有棺而無槨. 관(棺)은 있지만 곽(槨)은 없었다. 吾不徒行以爲之槨. 나는 문도(門徒)의 죽음에 외관(外棺)을 쓰지 않는다. 以吾從大夫之後. 외관(外棺)을 쓰는 것은 대부(大夫)를 이루고 그 후(後)의 일이다. 나는 그것을 좇을 것이다. 不可徒行也. 문도(門徒)에게 외관(外棺)을 쓰는 것은 불가(不可)하다.

先進 8장
顔淵死 子曰 噫 天喪予 天喪予

顔淵死. 안회(顔回)가 죽었다. 子曰. 공자가 말했다. 噫. 한숨 쉴 희(噫). 天喪予. 하늘이 나를 버렸다. 天喪予. 하늘이 나를 버렸다.

先進 9장
顔淵死 子哭之慟 從者曰 子慟矣 曰 有慟乎 非夫人之爲慟而誰爲

홍미롭군. 子慟矣. 서러워할 통(慟). 이것을 어찌 번역하는가? "선생님께서 통곡하셨습니다." "우리 선생님께서 진짜 흐느껴 우신다." 의(矣)의 마침은 말하는 자의 의지(意志)와 주장(主張)이 좀 담기는 것이다. 내가 천자문을 다 못 읽어 뭐라 할 수는 없지만, 내가 보기에는 그렇다. 아니면 말고.

顔淵死 子哭之 慟從者曰 子慟矣 曰 有慟乎 非夫人之爲慟而誰爲

顔淵死. 안회(顔回)가 죽었다. 子哭之. 공자가 곡(哭)했다. 慟從者曰. 통곡(慟哭)을 하던 종자(從者)들이 말하였다. 子慟矣. 선생님도 통곡(慟哭)을 하세요. 曰. 공자가 말했다. 有慟乎. 통곡(慟哭)이 있어야 하는가? 非夫人之爲慟而誰爲. 부인(夫人)이 아닌데 통곡(慟哭)을 하라면 누가 통곡(慟哭)을 하겠는가?

오늘날 부인(夫人)은 남의 아내를 높여 이르는 말이지만, 공자 때에는 왕(王)의 아내를 이르던 말이다. 공자가 자신이 부인(夫人)이 아니라고 말한 것은, 곧 죽은 안회(顔回)가 왕(王)이 아니라는 말과 같다. 이것은 분명하다. 안회가 왕(王)을 하였으면 공자는 분명 안회의 부인(夫人)을 하였을 것이다. 부인(夫人)의 부(夫)는 대부(大夫)의 부(夫)와 같다. 안회가 천자의 왕(王)을 하였으면 공자는 제후의 왕(王)을 하였을 것이고, 안회가 제후의 왕(王)을 하였으면 공자는 그 제후의 경(卿)이거나 대부(大夫)를 하였을 것이다. 이것은 너무나 분명하다. 안회는 분명 왕(王)이다. 그런데 이것이 앉은뱅이 왕(王)인 것이다. 공자는 안회를 일으켜 세우려 무던히 애썼지만 실패했다.

공자 스스로는 왜 왕(王)을 하지 않았는가? 하늘이 허락하지 않았다. 왜냐하면, 그건 너무 쉬우니까. 그건 일도 아니다.

先進 10장
顔淵死 門人欲厚葬之 子曰 不可 門人厚葬之 子曰 回也 視予猶父

也 予不得視猶子也 非我也 夫二三子也

顔淵死. 안회(顔回)가 죽었다. 門人欲厚葬之. 문인(門人)이 후(厚)하게 장(葬)하기를 욕(欲)하였다. 子曰. 공자가 말했다. 不可. 불가(不可)하다. 門人厚葬之. 문인(門人)이 후(厚)하게 장(葬)하였다. 이게 뭔가? 이것이 진정 공자의 가(家)인가? 안회(顔回)의 가(家)인가? 이 무슨 콩가루 집안인가? 불가(不可)라 하였거늘, 어찌 가(可)하는가? 이것이 아직 공자가 죽지도 않았는데, 공자의 꼴이 아주 너무 우습게 되었다. 그러게 통곡(慟哭)을 하라고 했을 때 했어야지. 진짜 너무 웃기는군. 子曰. 공자가 말했다. 回也. 안회이다. 視予猶父也. 안회는 나를 오히려 아버지로 보았다. 予不得視猶子也. 나는 안회를 오히려 아들로 봄을 득(得)하지 못했다. 이게 뭔 소리인지 알겠는가? 非我也. 아(我)가 아니다. 夫二三子也. 대체로 보아서 이삼자(二三子)이다.

先進 11장
季路問事鬼神 子曰 未能事人 焉能事鬼 敢問死 曰 未知生 焉知死

季路問事鬼神. 자로(子路)가 정말 개명을 하였는가? 계로(季路)가 귀신(鬼神) 섬김을 문(問)하였다. 子曰. 공자가 말했다. 未能事人. 아직 사람을 섬김에 능(能)하지 못하다. 焉能事鬼. 어떻게 귀(鬼)를 섬김에 능(能)하겠는가? 敢問死. 감히 죽음을 문(問)합니다. 曰. 공자가 말했다. 未知生. 아직 생(生)을 알지 못하다. 焉知死. 어떻게 죽음을 알겠는가?

귀(鬼)는 사람이 죽은 것이 귀(鬼)이고, 신(神)은 그냥 하늘이다. 계로

(季路)가 귀(鬼)와 신(神)을 물었다. 공자가 말하였다. 그 인(人)이 그냥 그 귀(鬼)인 것이다. 같은 인(人)이고 같은 귀(鬼)이다. 이어지는 것이고 이어서 봐야 한다. 귀(鬼)는 그냥 다 원귀(冤鬼)이다. 아직 사람도 섬기도 못하는데 어떻게 원귀(冤鬼)를 섬기겠는가? 감히 죽음을 문(問)하여 말하자면, 아직 생(生)을 알지 못하는데 어떻게 사(死)를 알겠는가? 귀(鬼)도 그냥 생(生)의 연장이다. 공자는 이미 안다. 사(死)도 그냥 생(生)의 연장이다. 이것은 정확한 해석이다.

先進 12장
閔子侍側 誾誾如也 子路 行行如也 冉有子貢 侃侃如也 子樂 若由也 不得其死然

閔子侍側. 곁 측(側). 이것이 시중들 때의 자세로 보인다. 그러면 이 시(侍)를 어찌 보아야 하는지 잘 모르겠다. 내가 보기엔 이것은 그냥 쉬는 시간이다. 쉬는 시간에 그러니까 잡담하는 것이다. 물론 아니면 말고. 誾誾如也. 온화할 은(誾). 이것은 향당2장에서 보았다. "與上大夫言 誾誾如也." 공자가 상대부(上大夫)와 더불어 언(言)하는 자세이었다. 정중(鄭重)하고 또 정중(鄭重)한 것 같았다. 子路. 자로(子路). 行行如也. 다닐 행(行). 이것은 맞장구치는 것이다. 공자님 말씀이 맞습니다. 선생님 말씀이 맞습니다. 그 말씀이 맞습니다. 뭘 알고 맞다 하는지는 모르지만, 아무튼 선생님 말씀이 맞고 또 맞다. 맞장구치고 또 맞장구치는 것 같았다. 冉有子貢. 염유(冉有) 자공(子貢). 侃侃如也. 이것도 향당2장에서 보았다. "朝與下大夫言 侃侃如也." 굳셀 간(侃). 이것은 신뢰(信賴)이다. 신뢰에서 오는 굳셈이다. 믿음직스럽고 또 믿음직스러운 것 같았다. 子樂. 공자는 즐거웠다. 若由也. 만약 자로(子路)의 말과 같다면. 不得其死然. 그 죽음의 그러함을 득(得)하지 않겠다. 재미있지 않는가? 아무튼 이것이 즐거운 것이라니, 그렇게 보면 되겠다. 자로의 말대로라면 공자 자신이 죽지도 않을 것이라는 얘기이다. 내가 죽지도 않겠다. 그러나 내가 보기엔 이것이 자로(子路)에겐 맞는 말이다. 왜냐하면, 자로(子路)에게 공자는 이미 신(神)이다. 이것은 그냥 잡담(雜談)이다. 자로가 우수상이다. 자로 덕분에 락(樂)이다.

先進 13장
魯人爲長府 閔子騫曰 仍舊貫 如之何 何必改作 子曰 夫人不言 言必有中

魯人爲長府. 부(府)가 정부(政府)의 부(府)가 아닌가? 부(府)는 정부(政府)의 부(府)이다. 노(魯)나라의 인민(人民)들은 긴 정부(政府)를 이루었다. 부(府)는 왕조(王朝)이다. 閔子騫曰. 민자건(閔子騫)이 말하였다. 仍舊貫. 잉(仍). 인할 잉(仍). 인(因)하다. 잉(仍)의 인(因)은 금(今)이다. 구(舊)가 아니다. 지금의 현실(現實)을 말미암는다는 것이다. 지금의 현실(現實)을 말미암아 구(舊)를 관(貫)한다는 것이다. 仍舊貫如之何. 지금의 현실(現實)을 말미암아 구(舊)를 꿰면 어떠하겠는가? 何必改作. 어찌 반드시 작(作)하여 개(改)하겠는가? 작(作)은 작난(作亂). 어찌 반드시 새로운 왕조(王朝)를 작(作)하여 개(改)하겠는가?

子曰. 공자가 말하였다. 夫人不言. 대체로 보아서 사람은 언(言)하지 않는다. 言必有中. 언(言)은 반드시 중(中)이 있어야 한다. 대체로 보아서 언(言)에 중(中)이 없다면, 사람은 언(言)하지 말아야 한다.

밑도 끝도 없는 얘기는 하지 말라는 얘기이다. 내가 보기에 민자건(閔子騫)은 안회(顔回)의 종자(從者)이다. 이것이 앉은뱅이 왕(王)에게 말을 배운 것이다.

先進 14장
子曰 由之瑟 奚爲於丘之門 門人不敬子路 子曰 由也 升堂矣 未入於室也

子曰. 공자가 말했다. 由之瑟. 이것이 공자의 말인데? 큰 거문고 슬(瑟). 이것을 큰 거문고라고 하는데 그냥 거문고이다. 이것을 비파라고 하는데 거문고이다. 이것은 반드시 막대기가 있어야 연주를 한다. 그래서 슬(瑟)에 필(必)이 들어 있다. 아니면 말고. 由之瑟. 자로가 거문고를 쳤다. 선생님들 번역으로 보자면 왜 이것을 공자님이 말씀을 하시는가? 필자(筆者)가 해야지? 내가 보기에 이것은 공자님의 말씀으로 보아야 한다. 그럼 이것은 자로(子路)가 아니라 문인(門人)에게 하는 말이다. 子曰. 공자가 말했다. 由之瑟. 자로가 거문고를 쳤는데. 奚爲於丘之門. 어찌 구(丘)의 문(門)에서 거문고를 쳤겠는가? 門人不敬子路. 문인(門人)이 자로(子路)를 불경(不敬)하다고 하였다. 이게 뭐야? 이게 무슨 동문서답(東問西答)? 이것이 거의 달마가 동쪽으로 간 까닭을 묻는 것과 같다. 자로가 불경(不敬)하지는 않다. 해(奚)는 어찌 해(奚). Why. 자로가 왜 구(丘)의 문(門)에서 거문고를 쳤을까? Why? 자로의 불경(不敬)은 What. 불경(不敬)이 답이라면 물음이 하(何)라야 맞다. 왜 자로가 거문고를 구(丘)의 문(門)에서 쳤겠는가? 문인(門人) 이것들이 의문사도 잘 모르네. 해(奚). Why? 子曰. 공자가 말하였다. 由也. 자로(子路)는. 升堂矣. 승당(昇堂)이다. 의(矣). 당(堂)은 사랑채이다. 사랑채는 사(私)가 아니라 공(公)에 가깝다. 승(升)은 되 승(升). 未入於室也. 아직 실(室)에 입(入)할 수는 없다. 그럼 답(答)이 무엇이겠는가? 왜 자로가 거문고를 구(丘)의 문(門)에서 쳤겠는가? 자기 입실(入室) 좀 시켜달라고. 그러나 공(公)과 사(私)가 너무나 분명한 냉정한 공자는 거절했다.

先進 15장

子貢問 師與商也孰賢 子曰 師也 過 商也 不及 曰 然則師愈與 子曰
過猶不及

子貢問. 자공(子貢)은 똑똑하다. 내가 보는 자공(子貢)은 주제 파악이 비교적 잘 되어 있다. 자공(子貢)이 물었다. 師與商也孰賢. "사(師)와 상(商)은 누가 더 현명(賢明)하나이까?" "사(師)와 상(商)을 비교한다면 누가 더 훌륭합니까?" 子曰. 공자가 말하였다. 師也 過. 네가 사(師)를 한다는 것은 지나친 생각이다. 商也 不及. 네가 상(商)을 한다는 것은 모자란 생각이다. 曰. 자공이 말하였다. 然則. 연(然)은 사이언스이다. 말씀인 즉(則). 師愈與. 유(愈)는 이것과 저것을 비교하는 것이 아니다. 여기와 거기를 비교하는 것이다. 여기와 저기를 비교하는 것도 아니다. 師愈與. 그럼 사(師)를 하는 것이 그나마 더 낫겠군요? 子曰. 공자가 말하였다. 내가 몇 번을 말하는가. 선생은 아무나 하는 것이 아니다. 물론 선생은 아무나 해도 된다. 過猶不及. 지나침은 오히려 미치지 못함이다. 그냥 상인(商人)이나 해라. 선생(先生)을 할 생각이면.

師愈與. 사(師)를 하기에는 부족하다 하였고, 상(商)을 하기엔 아깝다고 하였다. 그래서 자공(子貢)은 오히려 그 부족함을 채우려고 노력하겠다고 사(師)를 말한 것이다. 그런데 공자가 말했다. 선생은 노력(努力)으로 하는 게 아니다.

先進 16장

季氏富於周公 而求也爲之聚斂而附益之 子曰 非吾徒也 小子鳴鼓而攻之 可也

季氏富於周公. 계씨(季氏)가 주공(周公)에게 부(富)를 주었다. 주공(周公)은 귀(貴)이다. 주공(周公)은 배고픈 소크라테스이다. 그런데 계씨(季氏)가 주공(周公)을 배부른 돼지로 만들었다. 而求也爲之聚斂而附益之. 그럼에도 염구(冉求)가 계씨(季氏)를 위해 하는 짓은 그런 주공(周公)에게 부(富)를 취(聚)하고 귀(貴)를 렴(斂)하니 주공(周公)을 더욱 배 불리게 하는 짓이다.

子曰. 공자가 말하였다. 앞에 말은 공자가 한 말이 아니다. 필자(筆者)가 한 말이다. 물론 아닌 것도 아니겠으나, 공자가 이런 일로 주공(周公)의 이름을 거론하지는 않았을 듯싶다. 어쩌면 앞에서 본 민자건(閔子騫)일지도 모른다. 이것이 앉은뱅이 왕(王)의 부류이다. 非吾徒也. 염구는 오(吾)의 문도(門徒)가 아니다. 小子鳴鼓而攻之. 소자(小子)들은 북을 울려 저것을 공격하라. 可也. 죽여도 가(可)하다.

공자의 나이 일흔이다. 너무 늙었다. 말발이 서지 않는다. 앉은뱅이 왕의 종자들이 이제는 오히려 맞먹자고 한다. 얼른 죽어야 한다.

先進 17장

柴也愚 參也魯 師也辟 由也喭

시야우(柴也愚). 삼야노(參也魯). 사야벽(師也辟). 유야언(由也喭).
무슨 말인지 나는 모르겠다.

先進 18장

子曰 回也其庶乎 屢空 賜不受命 而貨殖焉 億則屢中

子曰. 아주 재미있군. 공자가 말하였다. 回也其庶乎. 안회(顔回)의 그
서(庶) 말인가? 서(庶)는 서민(庶民). 屢空. 여러 누(屢). 내가 누차(屢
次) 공(空)하다고 했다. 賜不受命. 사(賜)는 명(命)을 수(受)하는 것이
아니라고. 사(賜)는 하사(下賜). 명(命)은 천명(天命). 而貨殖焉. 그래봐
야 재물(財物)이 불어날 뿐이라고. 億則屢中. 억(億)은 억 억(億). 그러
니까 이것이 하늘이 천명(天命)을 하사(下賜)할 억만분(億萬分)의 하나
가능성을 믿고, 누차(屢次) 저러는 중(中)이다.

재미있군. 공자가 돈 많이 준 것이다. 안회(顔回)에게. 돈 많이 줬다.
결코 가난하지 않다. 대신 아버지가 부자이다. 그런데도 저렇게 지지리
궁상을 떨며 모지리 같이 살고 있다는 것이다. 재미있군. 아주 재미있
군. 그런데 이것은 안회(顔回)의 말도 들어봐야 한다. 나는 돈 관심 없
다. 여기서 돈 얘기를 왜 하냐? 안회의 말은 나중에 들어 보자. 분명 있

을 것이다.

先進 19장
子張問善人之道 子曰 不踐跡 亦不入於室

子張問善人之道. 자장(子張)이 선인(善人)의 도(道)를 문(問)하였다.
음. 내가 선인(善人)인데? 나의 길을 묻는가? 하여튼 재미있군. 子曰. 공
자가 말하였다. 不踐跡. 밟을 천(踐). 발자취 적(跡). 발자취를 밟지 않
으면. 무슨 발자취? 성인(聖人)의 발자취? 공자(孔子)님의 발자취? 음.
그럼 공자에게 성인(聖人)은 누구였을까? 아마도 주공(周公)이 아니었
을까 싶지만. 그건 나도 모른다. 내게 성인(聖人)은 오직 세존(世尊)이시
다. 그런데 이렇게 보면 나는 선인(善人)이 아니다. 공자님의 발자취를
겨우 밟고 있지만, 이것이 말하기 부끄럽지만, 나도 지금 안회(顔回)와
같은 앉은뱅이 왕(王)이다. 부끄럽다. 왜냐하면 나는 밟고 싶지가 않아.
하고 싶지가 않다고. 왜? 인간들은 이미 똑똑하다. 지들이 밟아야지 왜
내가 밟나? 어차피 내가 답을 이미 다 안다. 이건 당신들의 일이다. 아니
라면, 나는 당신들을 밟을 것이다.

亦不入於室. 또한 실(室)에 입(入)하지는 못한다. 도대체 이 공자는
모르는 게 없다. 그대의 정체(正體)가 무엇인지 진정 궁금하다.

先進 20장
子曰 論篤是與 君子者乎 色莊者乎

子曰. 공자가 말했다. 論篤是與. 논(論)은 그냥 논(論)이다. 논리(論理). 도타울 독(篤). 단단하다. 견실하다. 논리(論理)가 견실(堅實)하다? 이것이여? 君子者乎. 논리(論理)가 견실(堅實)하고, 단단하다고 하여 군자(君子)라는 자(者)라고 할 수 있겠는가? 色莊者乎. 색(色) 장(莊) 자(者)가 아닌가? 색(色)은 안색(顔色). 장(莊)은 장엄(莊嚴). 얼굴만 장엄한 것이 아닌가?

부끄럽군. 잔소리가 빠지지 않는구나.

先進 21장
子路問 聞斯行諸 子曰 有父兄在如之其聞斯行之 冉有問 聞斯行諸 子曰 聞斯行之 公西華曰 由也問 聞斯行諸 子曰 有父兄在 求也問 聞斯行諸 子曰 聞斯行之 赤也惑 敢問 子曰 求也 退故進之 由也 兼人故退之

子路問. 자로가 물었다. 聞斯行諸. 문(聞)은 문(問)하여 듣는 것이다. 그러니까 이것이 내가 문(問)하여 얻은 답(答)이다. 답(答)을 얻으면 바로 행(行)하는가? 子曰. 공자가 말했다. 有父兄在如之其聞斯行之. 부형(父兄)이 같이 옆에 있는 것 같다면 그 답(答)을 바로 행(行)하라. 冉有問. 염유가 물었다. 聞斯行諸. 답(答)을 얻으면 바로 행(行)하는가? 子曰. 공자가 말했다. 聞斯行之. 답(答)을 얻으면 바로 행(行)하라. 公西華曰. 공서화(公西華)가 말했다. 由也問. 자로가 묻기를. 聞斯行諸. 답(答)을 얻으면 바로 행(行)하는가? 子曰. 공자가 대답하기를. 有父兄在. 부형(父兄)이 같이 옆에 있다면. 求也問. 염구가 묻기를. 聞斯行諸. 답

(答)을 얻으면 바로 행(行)하는가? 子曰. 공자가 대답하기를. 聞斯行之. 답(答)을 얻으면 바로 행(行)하라. 赤也惑. 공서화는 의혹(疑惑)이 있어. 敢問. 감히 묻는다. 子曰. 공자가 말했다. 求也. 염구는. 退故進之. 나아가려 하는 까닭에 물러나게 한 것이고. 由也. 자로는. 兼人故退之. 물러나려 하는 까닭에 사람을 붙여 주었다.

뭐가 이상한가? 나는 그냥 보는 대로 썼다. 내가 비록 안색만 장엄한 자지만 논리는 단단하고 견실하다. 문(聞)은 문(問)하여 듣는 것이 문(聞)이다. 이것이 답(答)이다. 염구는 똑똑한 놈이다. 자기 답(答)에 대한 나름 확신이 있다. 자로(子路)는 문(文)에 그렇게 똑똑하지 못하다. 자기 답(答)에 별로 확신이 없다. 그래서 물러난다는 것이다. 그래서 부형(父兄)을 붙여 주었다. 그리고 염구가 이게 청개구리이다. 하라고 하면 안 한다. 공자가 토를 하나도 달지 않았지 않는가? 이 겉보기 똑똑한 놈이 생각을 또 엄청 한다. 네 놈이 뛰어야 벼룩이다.

先進 22장
子畏於匡 顔淵後 子曰 吾以女爲死矣 曰 子在 回何敢死

子畏於匡. 공자가 앉은뱅이 왕(王)에게 두려움을 느꼈다. 생략된 말이 있다. '무슨 일이 있을까봐.' 공자가 앉은뱅이 왕(王)에게 무슨 일이 있을까봐 두려움을 느꼈다. 생략을 한 것은 생략을 하여도 다 알아들으니까 생략을 하는 것이다. 외(畏)는 스스로가 두려워하는 것이다. 가령 한밤중에 혼자 공동묘지를 지날 때 느끼는 두려움이 이 외(畏)와 같다. 그 두려움이 뚜렷한 실체가 없이 지가 혼자 스스로 두려워하는 것이다. 顔

淵後. 안회(顔回)가 후(後)에 나타났다. 子曰. 공자가 말했다. 吾以女爲死矣. 나는 계집아이같이 네 놈이 죽는 줄 알았다. 曰. 안회가 말했다. 子在. 재(在)는 사이언스이다. 선생께서 계시는데. 回何敢死. 회(回)가 어찌 감히 죽겠습니까.

아주 재미있다. 전편을 전에 보았다. 안회가 떠나려고 했는데 공자가 잡은 것이다. 어떻게? 공자가 칼을 뽑은 것이다. 칼춤을 한 번 추었다. 나는 네 놈이 함부로 볼 수 있는 자(者)가 아니다. 안회가 함부로 안 봤다. 안회는 이미 문(文)에 왕(王)이다. 다만 앉은뱅이일 뿐이다. 논리(論理)가 이미 단단하고 견실하다. 안회는 결국 공자의 등을 타기로 결정한 것이다. 떠나는 것이 바로 계집아이같이 죽는 길이다. 그러나 이것은 공자 혼자 두려워한 것이다. 안회는 공자의 칼을 두려워하지 않았다. 왜냐하면 칼은 공자가 뽑았다. 이것은 뽑은 놈이 두려워하는 것이다. 무라도 베야 하는데 폼만 잡다 말았으니 이것이 통하지 않으면 쪽팔린 것이다. 그런데 이러고 나서 안회(顔回)가 지지리 궁상을 떨며 서민(庶民) 코스프레를 하는 것이다. 공자의 등을 타니, 나도 내 발로 걷고 싶다.

先進 23장
季子然問 仲由冉求 可謂大臣與 子曰 吾以子爲異之問 曾由與求之問 所謂大臣者 以道事君 不可則止 今由與求也 可謂具臣矣 曰 然則從之者與 子曰 弑父與君 亦不從也

季子然問. 계자연(季子然)이 물었다. 仲由冉求. 자로와 염구가. 可謂大臣與. 대신(大臣)으로 일컬음이 가(可)한가? 이것은 분명 대신(大臣)

으로써의 자질(資質)을 물은 것으로 보인다. 대신(大臣)은 경(卿)이다. 상대부(上大夫)이다. 子曰. 공자가 말했다. 吾以子爲異之問. 내가 선생으로서 다른 질문을 하겠다. 曾由與求之問. 네가 이미 한 자로와 염구에 대한 질문은. 所謂大臣者. 대신(大臣)이라 일컬음의 소(所)가 있느냐는 것이다. 以道事君. 도(道)로써 임금을 사(事)함에. 不可則止. 그렇다면 불가(不可)이다. 즉(則), 그것은 이미 말이 되지 않는다. 계씨(季氏)가 본인이 대신(大臣)이지 않는가? 대신(大臣)이 어찌 대신(大臣)을 신(臣)으로 두겠는가? 계씨(季氏)가 대신(大臣)을 둠은 계씨(季氏)가 왕(王)인가? 계씨(季氏)가 왕(王)이라 위(謂)하기를 원하는가? 今由與求也. 네가 지금 자로와 염구를 대신(大臣)으로 일컬음이 가(可)한가 물은 것은. 可謂具臣矣. 임금도 아닌 것이 임금인 척 같잖은 구색(具色)을 맞추기 위한 신(臣)일 뿐인 것이다. 曰. 왈(曰)은 공자이다. 공자가 질문을 한다고 하지 않았는가. 然則從之者與. 연(然)은 사이언스이다. 즉(則)도 사이언스이다. 그러한 즉(則). 자로와 염구가 대신(大臣)을 좇겠는가? 子曰. 공자가 말했다. 弑父與君. 아버지를 죽이고 임금이 되는 자. 亦不從也. 또한 좇지 않을 것이다.

계자연(季子然)이 아마도 계평자(季平子)의 아들이 맞을 듯싶다. 그러니까 계환자(季桓子)의 동생이다. 그러니까 공자가 벼슬을 하고 있을 때이다. 吾以子爲異之問. 선생으로서 질문을 한다고 하였으니, 당시 계자연(季子然)이 공자의 제자였음도 맞겠다. 그런데 이것이, 다시 보니, 계씨가 왕(王)을 욕(欲)하는 듯도 싶은데? 물론 욕(慾)이든 상관없다. 이것은 계자연(季子然)이 공자를 떠보는 것이다. 쿠데타는 명분이 있어야 한다. 계씨(季氏)도 그 명분을 공자에게서 찾는 듯싶다. 내가 보기엔 그렇다. 마지막 말이. 弑父與君. 뜬금없이 아버지를 죽이지 않는가.

先進 24장

子路使子羔爲費宰 子曰 賊夫人之子 子路曰 有民人焉 有社稷焉 何
必讀書 然後爲學 子曰 是故惡夫佞者

子路使子羔爲費宰. 자로(子路)가 자고(子羔)를 비읍(費邑)의 읍재(邑
宰)를 이루게 시켰다. 주(周)의 봉건제에서는 위(爲)를 번역을 해야 한
다. 봉(封)할 뿐 건(建)의 위(爲)는 자기가 스스로 알아서 이루어야 한
다. 못하면 그냥 다른 인간을 또 봉(封)하면 된다. 능력이 안 되면 스스
로 도태되는 것이다. 봉(封)한 자가 그 영지의 정사(政事)에 관여하지 않
는 것이다. 물론 세금은 받는다. 봉(封)한 자가 오랑캐로부터 국방(國防)
을 책임져 주지 않는가. 물론 옛날 얘기이다. 지금은 그냥 다 오랑캐이
다. 子曰. 공자가 말했다. 賊夫人之子. 대체로 보아서 남의 자식을 도둑
질 하였구나. 인(人)은 타인(他人). 여기서 인(人)은 공자이다. 아마도 자
로가 공자에게 허락을 안 받은 듯싶다. 子路曰. 자로(子路)가 말하였다.
내가 남입니까? 섭섭합니다. 자로(子路)가 입실(入室)에서 실패했다. 그
래서 그냥 공자와 사랑채를 공(共)할 뿐이다. 有民人焉. 백성이 있어야
남도 있는 것입니다. 인(人)은 공자의 인(人)을 그대로 받았다. 당신이
스스로 남이라 하였으니, 그게 당신이다. 有社稷焉. 나라가 있어야 선생
님도 밥 먹고 사는 것입니다. 何必讀書. 어찌 반드시 책을 읽고. 여기서
독서(讀書)는 그냥 독서(讀書). 然後爲學. 그러한 후(後)에야 학(學)을
이룸이라 하겠습니까? 이게 뭔 소리여. 정사(政事)도 학(學)을 이룸이다
뭐 그런 소리인가? 아무래도 이것이 공자의 위정(爲政)을 따라 하는 소

리 같다. 어찌 정(政)을 이룸이 그 정(政)만을 이룸이라 하겠는가? 뭐 이런 소리 따라 한 것 같다. 내가 독서(讀書)는 부족하지만 정(政)을 이룰 자신은 있다. 그러니까 이것이 농(弄)이다. 공자를 웃기려고 하는 소리이다. 子曰. 공자가 말했다. 是故惡夫佞者. 이것이 바로 내가 대체로 보아서 아첨을 미워하는 까닭이다. 녕(佞)은 아첨할 녕(佞). 립서비스. 이것이 정치인(政治人)의 아주 기본적인 예(禮)라고 이미 보았다. 물론 농(弄)이다. 자로(子路)가 정치인의 자질이 있나 보다.

공자가 대사구(大司寇)의 벼슬을 하고 있을 때이다. 그때 자로(子路)가 계씨(季氏)의 가(家)에서 재상(宰相)을 하였다. 물론 공자가 추천하였다. 비읍(費邑)은 계씨(季氏)의 영지(領地)이다. 그래서 자로가 사(使)할 수 있는 것이다. 23장의 계자연(季子然)이 물은 대신(大臣)이 바로 이때의 자로(子路)이다. 자로(子路)가 계씨(季氏)를 왕(王)으로 섬길 수 있습니까? 공자가 거절했다. 안 한다고 했다. 이때 이미 공자와 계씨는 틀어진 것이다. 계씨는 공자에게 더 이상 줄 것이 없다. 공자에게 나라의 권력을 주었고, 자로에게 집안의 권력을 주었다. 그런데도 마음을 얻지 못하였다면, 이것은 잘라야 한다. 이것은 반역의 세력이다.

先進 25장
子路曾晳冉有公西華侍坐 子曰 以吾一日長乎爾 毋吾以也 居則曰不吾知也 如或知爾 則何以哉 子路率爾而對曰 千乘之國 攝乎大國之間 加之以師旅 因之以飢饉 由也爲之 比及三年 可使有勇 且知方也 夫子哂之 求 爾何如 對曰 方六七十 如五六十 求也爲之 比及三年 可使足民 如其禮樂 以俟君子 赤 爾何如 對曰 非曰能之 願學焉 宗廟之

事 如會同 端章甫 願爲小相焉 點 爾何如 鼓瑟希 鏗爾 舍瑟而作 對曰
異乎三子者之撰 子曰 何傷乎 亦各言其志也 曰 莫春者 春服旣成 冠
者五六人 童子六七人 浴乎沂 風乎舞雩 詠而歸 夫子喟然歎曰 吾與點
也 三子者出 曾晳後 曾晳曰 夫三子者之言何如 子曰 亦各言其志也已
矣 曰 夫子何哂由也 曰 爲國以禮 其言不讓 是故哂之 唯求則非邦也
與 安見方六七十 如五六十 而非邦也者 唯赤則非邦也與 宗廟會同 非
諸侯而何 赤也爲之小 孰能爲之大

子路曾晳冉有公西華侍坐. 자로(子路), 증석(曾晳), 염유(冉有), 공서
화(公西華)가 공자를 모시고 좌담(座談)을 하였다. 子曰. 공자가 말했
다. 以吾一日長乎爾. 나는 그대들보다 하루 먼저 태어난 사람으로 여길
것이니. 毋吾以也. 그대들도 나를 어른이다 선생이다 여기지 말고. 居
則曰. 그동안 그대들이 생각하기를. 不吾知也. 나를 정말 알아주지 않
는다 하는 것이 있어. 如或知爾. 누군가 그대들을 진정 알아주는 자가
있다면. 則何以哉. 그대들은 과연 무엇으로써 그러하다 할 것인지 허심
탄회하게 말을 해 보라. 子路率爾而對曰. 자로가 공자의 이(爾)를 받아
대놓고 대면(對面)하여 말하였다. 千乘之國. 천승지국의 나라가. 攝乎
大國之間. 대국(大國)의 사이에서 섭(攝) 당하여. 加之以師旅. 군대로
써 위협하여 빼앗고. 因之以飢饉. 그리하여 백성들이 기근에 처해 있을
때. 由也爲之. 그런 나라에서 나를 알아준다면. 比及三年. 얼추 삼 년
이면. 可使有勇. 백성들을 용감하게 만들 수 있고. 且知方也. 대국(大
國)에 맞설 수 있는 방도(方道)를 알게 할 수 있다. 夫子哂之. 대체로
보아서 공자는 자로의 말을 듣고 지긋이 웃었다. 求. 염구(冉求). 爾何
如. 그대는 어떠한가? 對曰. 염구가 대면(對面)하여 말하였다. 方六七十

如五六十: 1리(里)가 보통 400미터이다. 이것은 마을의 크기이다. 보통 마을의 크기가 지름이 400미터이다. 60리면 얼추 24킬로미터. 방(方)이라 하였으니 사방(四方)으로 보면 지름이 얼추 50킬로미터이다. 이정도면 대부(大夫)의 영지(領地)이다. 求也爲之. 그러나 이것은 아직 나라가 아니다. 그러니까 야만족인 것이다. 比及三年. 얼추 삼 년이면. 可使足民. 백성으로 살기를 시킬 수 있다. 如其禮樂. 그 예(禮)와 악(樂)같은 것은. 以俟君子. 군자를 기다리겠다. 이게 무슨 말인가 하면, 군자가 나타나면 자기는 또 나라를 개척하러 떠나겠다는 것이다. 赤. 공서화(公西華). 爾何如. 그대는 어떠한가? 對曰. 공서화가 대면(對面)하여 말하였다. 非曰能之. 제가 말하는 것은 능(能)할 수 있음을 말하는 것은 아닙니다. 願學焉. 다만 배우기를 원할 뿐입니다. 宗廟之事. '나라의 큰 제사를 치르는 일. 如會同. 회합(會合)이나 동맹(同盟)과 같은 제후와 제후와의 만남. 端章甫. 그런 일의 끝단에서 성심껏 일하여. 願爲小相焉. 작은 것을 이룸으로나마 상(相)하기를 원합니다. 상(相)은 상조(相助). 點. 증석(曾晳). 爾何如. 그대는 어떠한가? 鼓瑟希. 희망(希望)찬 선율의 거문고를 치고 있었다. 鏗爾. 이(爾)를 부름에 갑자기 멈췄다. 舍瑟而作. 거문고를 내려놓고 자세를 바로 잡았다. 對曰. 이것은 대놓고 말하는 것이다. 異乎三子者之撰. 다르도다. 나는 세 사람의 포부와 다르도다. 子曰. 공자가 말하였다. 何傷乎. 어찌 상처가 되겠는가? 亦各言其志也. 그대 또한 각기 그 지(志)의 그대의 포부를 말하는 것일 뿐이다. 曰. 그러면 말하겠다. 莫春者. 막(莫). 이것이 늦은 봄이 아니다. 봄은 이미 눈을 씻고 봐도 없다는 것이다. 적어도 이것은 초여름이다. 春服既成. 봄이 이미 이룸에 복(服)하였다. 복(服)은 복종(服從). 산에도 들에도 이미 꽃이 없다. 봄날은 간 것이다. 좋은 날은 끝났다. 이제 일해야 한다. 여름이다. 冠者五六人. 관(冠)은 면류관(冕旒冠). 이것이 제후이다. 제후(諸侯)가 5, 6인(人). 童子六七人. 동자(童子)가 6, 7인(人). 동자 하나가 남네? 제후가 동자 하나씩만 데리고 온 것이다. 그럼 남는 동자 하나는 누구인가? 이것이 바로 지금 말하는 자, 곧 천자(天子)인 것이다. 천자는 지금 일하는 중이다. 浴乎沂. 기수(沂水)의 물에서 목욕재계(沐浴齋戒)를 하고. 風乎舞雩. 이것이 풍(風)이네? 풍(風)은 인민의 노래인데? 그래서 동자 하나씩만 딸린 것이다. 제후 대여섯이랑 천자랑 인민들같이 한번 실컷 놀아보자? 물론, 이것은 일하는 것이다. 舞雩. 비를 좀 많이 내려 주십사, 춤도 추고. 인민(人民)들이 가을에 즐거이 풍(風)의 노래를 부를 수 있게끔, 비를 좀 많이 내려주십시오. 아무튼 이것은 일하는 것이다. 詠而歸. 그래도 왕(王)들의 체면이 있으니, 대아(大雅)의 시가(詩歌)나 하나 길게 읊고, 돌아온다. 夫子喟然歎曰. 대체로 보아 공자가 한숨이 저절로 나와 탄식하며 말하였다. 吾與點也. 나는 점(點)과 더불어 하겠다. 그럼, 이것이 공자의 포부이다. 공자가 천자를 하겠다는 것이 아니다. 그 천자의 그 제후를 하겠다는 것이다. 三子者出. 삼자(三子)가 상처를 받은 것이다. 안 봐도 뻔하다. 曾皙後 曾皙曰. 삼자(三子)가 삐쳐서 간 것이다. 현실적인 포부를 말해야지. 지금 장난하는가? 夫三子者之言何如. 대체로 보아서 삼자(三子)의 자(者)들의 언(言)이 어떠한가? 子曰. 공자가 말하였다. 亦各言其志也已矣. 또한 그 지(志)를 각기 언(言)하였을 뿐이다. 이미 이(已). 의(矣). 의(矣)에는 그대도 별 다르지 않다는 의미가 좀 들어 있다. 아무튼. 曰. 이후의 왈(曰)은 다 증석(曾皙)의 왈(曰)이다. 夫子何哂由也. 대체로 보아서 자로의 말을 듣고 공자께서 지긋이 웃으셨습니다. 曰. 증석이 말했다. 爲國以禮. 나라의 이룸은 예(禮)로써 이루는 것인데. 其言不讓. 그 언(言)에는 양(讓)이 없습니다. 是故哂之. 지긋이 웃으신 것이 아마도 이런 까닭이 겠습니다. 唯求則非邦也與. 오직 염구의 말만을 말하자면, 나라를 이룰 수 없는 것이지 않겠습니까? 安見方六七十 如五六十 而非邦也者. 야만족들을 안(安)으로 견(見)해서야 어찌 나라를 이루겠습니까? 唯赤則非邦也與. 오직 공서화의 말만을 두고 말하자면, 이것이 나라가 아니지 않겠습니까? 宗廟會同 非諸侯而何. 종묘(宗廟)의 섬김과 제후의 회합과 동맹을 제후가 아닐 바에 어찌 이룰 수 있습니까? 赤也爲之小. 공서화가 작은 것을 이룸이라 하였지만, 그 작은 것들이 한 둘입니까? 孰能爲之大. 다 자기 몫을 따지면, 누가 능(能)히 대(大)를 이루겠습니까?

顏淵

顏淵 1장

顏淵問仁 子曰 克己復禮爲仁 一日克己復禮 天下歸仁焉 爲仁由己 而由人乎哉 顏淵曰 請問其目 子曰 非禮勿視 非禮勿聽 非禮勿言 非禮勿動 顏淵曰 回雖不敏 請事斯語矣

顏淵問仁. 안회(顏回)가 인(仁)을 문(問)하였다. 子曰. 공자가 말하였다. 克己復禮爲仁. 극기복례(克己復禮). 내가 이 말을 중고등학교에서 들었겠지만, 이것이 공자가 안회에게 한 말이라는 것은, 내가 논어를 한 자로 보고도 한참 후의 일이었다. 물론, 부끄럽다. 이것이 안회(顏回)에게 한 말이네? 역시 배우고 때때로 익히면 기쁜 것이다. 이것이 안회에게 한 말이란 말이지? 자기(自己)를 극복(克服)하고 예(禮)를 회복(回復)

한다. 나는 처음 이것이 공자가 안회에게 '나를 죽이라!' 이렇게 들었다. 너 자신을 죽이지 말고 나를 죽여라. 나 공자를 죽여라. 나는 처음 이렇게 들었다. 극기(克己)는 무아(無我)와 통하는 말이다. 거의 같은 말이다. 무아(無我)는 유(有)의 무(無)이고, 극기(克己)는 재(在)이다. 유(有)가 무(無)이면 그것이 재(在)이다. 그런데 이 재(在)에는 가(假)와 위(僞)가 있다. 해는 동쪽에서 뜨는 것이 재(在)이다. 사이언스이다. 그런데 이것은 가(假)이다. 해는 움직이지 않아. 지구가 돈다니까? 그래도 해는 동쪽에서 뜨는 것은 변함이 없다. 이것은 어쩔 수가 없다. 아무리 지구가 돈다고 하여도 어쩔 수가 없다. 그리고 그 어쩔 수 없음에서 비롯하는 것이 위(僞)이다. 올해도 다 지났구나. 그럼 내가 한 살을 더 먹겠구나. 이것이 바로 위(僞)이다. 가(假)와 위(僞)는 사이언스가 아니다. 이것이 재(在)의 이름으로 있지만 이것은 사이언스가 아니다. 이것은 라이프이다. 가(假)와 위(僞). 이것이 곧 라이프이다. 인간이 옳다 하는 거의 모든 것이 가(假)이고, 인간이 맞다 하는 거의 모든 것이 위(僞)이다. 인간이 곧 가(假)이고 위(僞)이다. 내가 보기에 이것은 어쩔 수가 없다. '나를 죽이라!' 나는 너를 죽일 것이다. 이것은 어쩔 수가 없다. 인간들을 다 죽이는 것이 아니라면, 이것은 어쩔 수가 없다. 가(假)와 위(僞). 나는 이것을 인정했다. 그러나 나는 너를 죽이지 않을 것이다. 다만 너가 너를 죽이는 것이다. 나가 나를 죽이는 것이 아니라, 너가 너를 죽이는 것이다. 지지리 궁상 안회(顔回). 너가 너를 죽여라. 위인(爲仁). 너가 너를 죽이면 그것이 인(仁)을 이룸이다. 내가 누차 말하지만, 이것은 당신들의 일이다. 나는 당신들을 죽이지 않는다. 나는 당신들을 살리지도 않는다. 죽든 살든 이것은 당신들의 일이다. 나는 다만 내가 살자고 하는 것이다. 내가 죽어서 누군가 산다면 내가 죽었을 것이다. 분명 내가 죽을 것이다. 그러나 나는 믿지 않는다. 내가 죽으면 그냥 다 죽는다. 그래서 나는 살자고 하는 것이다. 내가 살자고 한다면, 그래도 누군가는 죽어야 한다. 그러나 나는 죽이지 않을 것이다. 이것은 너가 너를 죽이는 것이다.

一日克己復禮. 이게 무슨 말인지 나는 모르겠다. 내가 이 공자를 안다고 생각하는데, 이게 무슨 말인지 모르겠다. 天下歸仁焉. 공자여. 이것은 그대가 할 수 있는 말이 아니다. 말이면 다 말인 줄 아는가? 爲仁由己. 여기가 도가(道家)인가? 유기(由己)는 극기(克己)의 대상이 아닌가? 而由人乎哉. 내가 보기에 이것이 뻥카가 확실하다. 떠나려는 안회(顔回)를 잡아 두려는 개수작이 분명하다. 顔淵曰. 성(性)과 자(字) 같이 쓰지 말라니깐. 내가 아직 좋은 꼴을 못 봤다. 請問其目. 안회(顔回)는 이미 도통(道通)한 놈이다. 눈치 깠다. '패를 좀 보여 주세요.' 子曰. 공자가 말했다. 非禮勿視 非禮勿聽 非禮勿言 非禮勿動. 이것은 포 카드? 물(勿)은 명령이다. 나머지는 모르겠다. 回雖不敏. 회(回)가 비록 영민(英敏)하지는 못하지만. 請事斯語矣. 쫄리면 죽어야 한다. 안회는 지금 스트레이트이다. 원 페어 투 페어 따지는 동네에서는 안회가 왕(王)인데, 여기서는 죽어야 한다.

눈과 입과 귀와 손발을 다 물(勿)하면 이것이 죽으라는 소리이다. 다른 소리가 아니다. 非禮. 공자가 예(禮)를 알고 안회(顔回)도 예(禮)를 안다. 예(禮)를 안다는 것과 비예(非禮)를 안다는 것은 상당히 다르다. 이미 보지 않았나? 예(禮)는 위(爲)이지만 비예(非禮)는 진(盡)이다. 진(盡)을 쓰지 않으면 비예(非禮)는 모른다. 진(盡)에서는 거의 모든 예(禮)

가 비(非)가 되는 것이다. 이것은 어려운 것이다. 이것은 상당히 어려운 것이다. 이것은 공자와 안회 둘 만의 대화이다. 내가 보기에 사실 뻥카가 아니다. 내가 감히 말하지만 나는 스트레이트 플러시이다. 내가 로열 스트레이트 플러시는 못 이기지만 포 카드는 이긴다. 나는 안회(顔回)를 위로한다. 말하자면 안회(顔回)는 나와 같은 계열이다. 같은 스트레이트 이다. 이 미련한 안회(顔回)가 스트레이트 카드를 들고 포 카드를 맞추려고 했다. 그것은 기존의 카드를 다 버리고 새로 맞추는 것이다. 이 미련한 안회(顔回)가 그것을 몰랐다. 극기복례(克己復禮). 이것은 어쩔 수가 없다. 이 미련한 안회가 거의 죽음에 닿아서야 알았을 것이다. 나는 안회를 위로한다. 이 논어(論語)의 거의 대부분이 안회의 기록인 것이다. 이 외에도 수없이 많은 기록을 남겼을 것이다. 안회의 기(己)를 모두 공자의 기(己)로 바꾼 것이다. 결국에 안회는 그의 카드 모두를 버린 것이다. 나는 안회(顔回)가 다음 생에 플러시를 들고 태어날 것을 믿는다. 아니면 풀 하우스이든가. 다시 태어나도 공자를 못 이긴다.

顔淵 2장
仲弓問仁 子曰 出門如見大賓 使民如承大祭 己所不欲 勿施於人 在邦無怨 在家無怨 仲弓曰 雍雖不敏 請事斯語矣

仲弓問仁. 중궁(仲弓)이 인(仁)을 문(問)하였다. 子曰. 공자가 말하였다. 出門如見大賓. 여기서 문(門)은 공문(孔門)이다. 아마도 중궁(仲弓)이 계씨(季氏)의 가(家)에 취직하고 공자의 마지막 당부의 말씀인 듯싶다. 대빈(大賓)은 내가 보기에 임금인데? 고객이 왕(王)인 것이다. 임금을 마주 대하는 것 같이 하라. 모든 인민(人民)을 대(對)함에. 使民如承

大祭. 승(承)은 승계(承繼). 대제(大祭)를 승계한다? 이게 뭐여. 그럼 이게 왕(王)인데? 모든 인(人)을 임금으로 대(對)하고, 또 본인도 왕(王)을 하란다. 인민을 사(使)함에. 己所不欲. 자기가 바라지 않는 바는. 勿施於人. 타인에게 베풀지 말라. 在邦無怨. 그러면 인민(人民)에게 원(怨)이 없을 것이고. 在家無怨. 대부(大夫)의 가(家)에게도 원(怨)이 없을 것이다. 仲弓曰. 중궁(仲弓)이 말했다. 雍雖不敏. 옹(雍)이 비록 영민(英敏)하지는 않으나. 請事斯語矣. 이 말씀에 힘을 다하도록 애쓰겠나이다. 사(事)는 종사(從事). 청(請)은 청탁(請託). 왜 청(請)이냐 하면 이것이 아직 나가 아니다. 아직은 남인 것이다.

顔淵 3장
司馬牛問仁 子曰 仁者 其言也訒 曰 其言也訒 斯謂之仁矣乎 子曰 爲之難 言之得無訒乎

司馬牛問仁. 사마우(司馬牛)가 인(仁)을 문(問)하였다. 子曰. 공자가 말했다. 仁者. 인(仁)이라는 것은. 其言也訒. 말 더듬을 인(訒). 인(訒)이 인(忍)과 비슷한 글자가 아닌가? 심(心)을 인(刃)하면 그것이 인(忍)이고, 언(言)을 인(刃)하면 그것이 인(訒)이다. 칼날 인(刃). 그러니까 말을 더듬는다는 것은 그 말을 하기를 칼날을 대하듯 참는다는 것과 같다. '인(仁)이라는 것은 그 말을 안다고 말하기를 더디 하는 것이다.' 曰. 사마우가 말했다. 其言也訒 斯謂之仁矣乎 '그 말을 안다고 말하기를 더디 하면, 이것이 일컬음의 인(仁)이라 할 수 있는 것인가?' 子曰. 공자가 말하였다. 爲之難. 이루기가 어렵구나. 말귀를 못 알아듣는구나. 言之得無訒乎. 언(言)으로 득(得)한 인(仁)은 그것이 인(訒)이 없는 것이지 않겠는가?

顏淵 4장
司馬牛問君子 子曰 君子不憂不懼 曰 不憂不懼 斯謂之君子矣乎 子
曰 內省不疚 夫何憂何懼

司馬牛問君子. 이것이 질문왕인가? 사마우(司馬牛)가 군자(君子)를
문(問)하였다. 子曰. 공자가 말하였다. 君子不憂不懼. 이게 뭔 소리여.
군자가 불우(不憂)하고 불구(不懼)하다니? 군자(君子)는 단 한시도 걱정
이 없을 수 없고, 단 한시도 두려움이 없을 수 없다. 차라리 불우(不遇)
하고 불구(不具)하다면 모를까. 曰. 사마우가 말했다. 不憂不懼. 앞 장
에서도 보았지만, 사마우(司馬牛)가 공자의 말을 그대로 복사하였다. 이
것은 반성(反省)의 자세이다. 그러나 여기서는 반(反)을 빼야 한다. 왜
반(反)을 하냐고. 반성(反省)이 아니라 자성(自省)을 하라고. 斯謂之君
子矣乎. 걱정하지 않고 두려워하지 않는다면, 이것이 공자님 말씀의 군
자(君子)라 할 수 있는 것인가? 子曰. 이것은 말이 통(通)하지 않는 것이
다. 왜 그대가 의(矣)를 쓰는가? 왜 그대가 공자의 말을 그대의 말로 단
정(斷定)을 하는가? 內省不疚. 뒤집어 보면 外省疚. 구(疚)는 고질병이
다. 고질병 구(疚). 이런 인간을 살려주면 다음은 보따리 내놓으라고 한
다. 피곤하다. 夫何憂何懼. 대체로 보아서 어찌 걱정하고 어찌 두려워
하겠는가? 그대가 이미 안다고 말하는 것이 아닌가? 그대가 이미 군자
(君子)인 것이 아닌가?

顔淵 5장

　司馬牛憂曰 人皆有兄弟 我獨亡 子夏曰 商問之矣 死生有命 富貴在天 君子敬而無失 與人恭而有禮 四海之內 皆兄弟也 君子何患乎無兄弟也

　司馬牛憂曰. 사마우(司馬牛)가 걱정하여 말하였다. 여기서 우(憂)는 4장의 불우(不憂)와 같이 봐야 한다. 군자(君子)는 이런 우(憂)가 없다는 것이다. 왜 우(憂)가 있냐면 이것이 문(聞)이 아니라 청(聽)인 까닭이다. 사마우가 문(問)을 득(得)하지 못한 것이다. 답(答)을 얻고자 답(答)을 찾으면 이것이 남의 다리 긁는 것이다. 이것이 애초에 남의 문(問)인 것이다. 그래서 아(我)가 유(有)하다고 하고, 또 아(我)가 무(無)하다고 하는 것이다. 人皆有兄弟 我獨亡. 남들은 다 형제가 있는 것 같은데, 아(我)는 홀로 망(亡)이다. 여기서 이것은 환(患)이 아니라 우(憂)이다. 마음의 걱정이 아니라 머리의 걱정이다. 망(亡)은 재(在)의 망(亡)이다. 아(我)의 재(在)가 없음이다. 남들은 다 형제(兄弟)가 유(有)한 것 같은데, 아(我)는 홀로 재(在)가 망(亡)이다. 이것도 앞에서 보지 않았나? 선진25장. 不吾知也. 나를 알아주는 자가 없다. 다 같은 소리이다. 子夏曰. 자하가 말하였다. 商問之矣. 상(商)은 상거래(商去來). 거래(去來)하는 문(問)의 까닭이다. 거래(去來)하는 문(問)은 거래(去來)하는 답(答)과 같다. 해(解)의 과정이 없는 것이다. 해(解)는 사이언스의 재(在)이다. 이것이 망(亡)인 까닭에 문(問)과 답(答)이 그냥 유(有)하는 것이다. 유(有)하기에 상(商)하는 것이다. 人皆有兄弟. 이 말이 맞다. 我獨亡. 그냥 남들도 다 이렇게 생각한다. 나만 홀로 망(亡)이라고. 다만 남들은 그 말하기를 더디게 할 뿐이다. 死生有命 富貴在天. 사(死)와 생

(生)은 명(命)에 유(有)하고, 부(富)와 귀(貴)는 천(天)에 재(在)한다. 자하(子夏)가 뭘 알고서 하는 소리인지 모르겠다. 명(命)은 운명(運命)으로 보인다. 천(天)은 천운(天運). 사마우(司馬牛)는 지금 자신의 생사(生死)가 아니라 빈천(貧賤)을 걱정하는 것이다. 君子敬而無失. 실(失)은 실족(失足). 실(失)은 길을 잃는 것이다. 군자(君子)는 천(天)을 경(敬)하여 도(道)를 실(失)함이 없다. 말은 맞는 소리이고 이것이 재(在)인 것도 맞다. 與人恭而有禮 四海之內 皆兄弟也. 남들과 더불어 공(恭)하여 예(禮)가 유(有)하다면, 사해(四海)의 내(內)가 다 형제(兄弟)이다. 내가 보기에 그 놈이 그 놈이지만, 사마우(司馬牛)가 오히려 순진(純眞)하다. 君子何患乎無兄弟也. 환(患)이 아니라 우(憂)라니깐. 멍청한 놈. 이것이 고질병이다. 군자(君子)가 어찌 형제(兄弟)가 없음을 근심하겠는가? 자하에게 이것이 이미 종교(宗敎)이다. 자하(子夏)가 지금 자기 교(敎)의 포교(布敎) 활동하는 것이다. 내가 보기에 교주(敎主)는 안회(顏回)이다. 물론 아직 선포(宣布)는 하지 않았다. 내가 보기에 안회(顏回)가 교주(敎主)를 하고 싶은 마음이 없었던 것이 아니다. 그런데 선포(宣布)를 못한다. 왜? 인간들을 다 속여도 공자를 못 속인다.

顏淵 6장
子張問明 子曰 浸潤之譖 膚受之愬 不行焉 可謂明也已矣 浸潤之譖 膚受之愬 不行焉 可謂遠也已矣

子張問明. 내가 이런 것도 설명해야 하나? 말이 부족해서 그렇다. 子張問明. 자장이 명(明)을 물었다. 명(明)은 현명(賢明). 그냥 한글로 현명이다. 자장이 물은 것은 처세(處世)이다. 이것이 5장의 자하(子夏)의 행태(行態)를 두고 묻는 것이다. 子曰. 공자가 말하였다. 浸潤之譖 膚受之愬 不行焉. 이것은 그냥 예수 믿으면 구원 받는다는 뭐 그런 얘기와 똑같은 말이다. 도(道)를 아십니까? 하여튼 내가 말을 배우지 못해 설명을 못하겠다. 可謂明也已矣. 이미 이(已). 내게 묻지 말라. 浸潤之譖 膚受之愬 不行焉 可謂遠也已矣. 여기서 원(遠)이 긍정의 표현으로 보이는가? 이것이 어찌 긍정으로 보이는가? 참으로 답답하다. 설명은 못한다. 안 하는 게 아니라 그냥 못하는 것이다. 내가 상관할 일이 아니다.

顔淵 7장
子貢問政 子曰 足食足兵 民信之矣 子貢曰 必不得已而去 於斯三者
何先 曰 去兵 子貢曰 必不得已而去 於斯二者 何先 曰 去食 自古皆有
死 民無信不立

子貢問政. 자공(子貢)이 정(政)을 문(問)하였다. 子曰. 공자가 말했다. 足食足兵. 인민(人民)을 배부르게 하는 것이고, 나라는 강대(强大)하게 하는 것이고. 民信之矣. 인민(人民)으로 하여금 그러한 정부(政府)를 신뢰(信賴)하게 하는 것이다. 子貢曰. 자공이 말하였다. 必不得已而去. 반드시 이미 얻을 수 없어 버려야 한다면. 於斯三者. 이 셋 중에. 何先. 무엇이 우선하는가? 曰. 공자가 말했다. 去兵. 강대한 나라를 이루고자 함을 버려야 한다. 子貢曰. 자공이 말했다. 必不得已而去. 반드시 이미 얻을 수 없어 버려야 한다면. 於斯二者. 이 둘 중에. 何先. 무엇이 우선하는가? 曰. 공자가 말했다. 去食. 인민을 배부르게 하기 위함을 버려야 한다.

自古皆有死. 내가 보기에 이것이 지금 공자가 한가한 것이다. 그러니까 이것이 그냥 여담(餘談)이다. 내가 보기엔. 民無信不立. 정부(政府)가 현재 부득이(不得已)한 사정으로 강성대국(强盛大國) 이루기를 좀 미루었습니다. 부득이한 사정은 인민(人民)의 잘 먹고 좀 더 잘 사는 문제입니다. 정부가 현재 부득이(不得已)한 사정으로 잘 먹고 좀 더 잘 사는 문제를 당분간 좀 미루었습니다. 왜냐하면 나라에 돈이 없습니다. 악랄한 제국주의자들의 천인공노할 경제제재 봉쇄 책동은 반드시 준엄한 심판을 받을 것입니다. 제 분수도 모르고 힘만 믿고 까부는 야만인들이나 저지를 폭거에 우리 정부는 결연한 자세로 맞대응해 나갈 것입니다. 自古皆有死. 어차피 그래봐야 죽기밖에 더하겠냐?

顔淵 8장

棘子成曰 君子質而已矣 何以文爲 子貢曰 惜乎 夫子之說君子也 駟不及舌 文猶質也 質猶文也 虎豹之鞹 猶犬羊之鞹

棘子成曰. 극자성(棘子成)이 위나라의 대부라는데, 선생들도 그냥 이름만 알지 어떤 인간인지는 모른다 한다. 그럼 그냥 글자나 풀어서 해석하자. 나도 모른다. 상관없다. 자(子)는 공자(孔子)의 자(子). 성(成)은 공자의 이룸이다. 공자의 성취(成就). 극(棘)은 가시 극(棘). 공자의 성취(成就)를 성토(聲討)하여 말하였다. 君子質而已矣. 군자(君子)는 그 스스로의 질(質)이 이미 군자(君子)인 것이다. 何以文爲. 어찌 문(文)에 기대어 군자(君子)를 이루겠는가? 아무래도 내가 보기에 이 왈(曰)은 안회의 종자(從者)들이다. 안회의 질(質)이 공자의 문(文)보다 우선한다는 것이다. 안회의 질(質)을 말하자면, 안회는 거지꼴로 살았다. 거지꼴로 살

면서도 보기에 참으로 평안(平安)하였다. 물론 겉보기에. 물론 아버지
가 부자이지만 이것도 논외로 하자. 그러니까 군자(君子)로서 안회의 그
질(質)이 공자의 문(文)보다 우선한다는 것이다. 이미 보지 않았는가?
공자가 문(問)을 내면 안회가 다 해(解)를 하는 것이다. 이 종자(從者)들
은 안회의 해(解)를 통해서 그 문(問)의 답(答)을 얻는 것이다. 자기들이
얻은 답(答)이 공자의 문(問)보다는 안회의 해(解)가 우선한다는 것이다.
공자의 성취(成就)가 상당 부분 안회의 성취(成就)인데 공자가 그 문
(文)으로 혼자 독차지 한다는 것이다. 내가 알기로 이것은 아무도 뭐라
하지 않는다. 나는 뭐라 하지 않는다. 내가 알기로 위대한 신(神)들 중
에 그 누구도 뭐라 하지 않는다. 이것은 오히려 권장하는 것이겠다. 이
것은 알곡과 쭉정이를 가르는 아주 기본적인 방법론이다.

　　子貢曰. 자공이 말하였다. 惜乎. 이것이 애석(哀惜)이 아니라 석별(惜
別)의 석(惜)이다. 애틋하구나. 夫子之說君子也. 대체로 보아서 공자의
설(說)한 군자(君子)이다. 駟不及舌. 사(駟)는 사마 사(駟). "한 채의 수
레를 끄는 네 필의 말." 4마력의 수레가 혀에 미치지 못한다. 그럼 보자.
혀가 질(質)인가 문(文)인가? 혀는 그냥 어(語)이다. 어(語)는 질(質)도 아
니고 문(文)도 아니다. 文猶質也. 문(文)이라기보다는 오히려 질(質)이
다. 質猶文也. 질(質)이라기보다는 오히려 문(文)이다. 이것이 그냥 설
(舌)이라는 것이다. 공자가 네 명이 달려들어도 설(舌)에 미치지 못한다.
이것이 이미 공자가 죽기도 전에 성(成)한 것이다. 공자가 죽고 이 성(成)
이 오늘날 지금까지도 공자의 이름으로 여전히 전해지는 것이다. 虎豹
之鞹 猶犬羊之鞹. 무두질한 가죽 곽(鞹). 호랑이나 표범의 가죽이라기
보다는 오히려 유(猶), 오히려 개나 양의 가죽이다. 그렇게 공자도 죽고

안회도 죽은 것이다. 공자는 죽어 개의 가죽을 남겼고, 안회는 죽어 양의 가죽을 남겼다.

顔淵 9장

哀公問於有若曰 年饑 用不足 如之何 有若對曰 盍徹乎 曰 二 吾猶不足 如之何其徹也 對曰 百姓足 君孰與不足 百姓不足 君孰與足

哀公問於有若曰. 애공(哀公)이 유약(有若)에게 문(問)하여 말하였다. 年饑. 주릴 기(饑). 기근(饑饉). 이것은 기(饑)가 년(年) 단위라는 것이다. 그러니까 이미 여러 해 흉년(凶年)이 든 것이다. 用不足. 세금을 걷지 않았다. 如之何. 어찌 하면 좋겠는가? 有若對曰. 유약(有若)이 대(對)하여 왈(曰)하였다. 盍徹乎. 몇 년째 걷지 않았는가? 曰. 애공이 말하였다. 二. 이 년이다. 吾猶不足. 나는 오히려 걷지 않았다. 응? 그럼 누가 걷긴 걷었네? 如之何其徹也. 백성들이 굶주리고 있는데 어찌 세금을 걷겠는가. 對曰. 공자는 아마 죽은 듯싶다. 그러니 이런 놈이 대(對)하는 것이다. 유약(有若)이 대(對)하여 왈(曰)하였다. 百姓足 君孰與不足 百姓不足 君孰與足. 백성들은 세금을 내었는데, 임금은 누구와 더불어 세금을 걷지 않았는가? 백성들이 세금을 내지 않았다면, 임금은 누구와 더불어 세금을 걷었는가? 숙(孰)은 계씨(季氏). 계씨(季氏)가 세금 다 걷었어. 그건 나도 알아. 그건 나도 알고 너도 알고 백성들 다 안다고. 내가 지금 그걸 묻는 게 아니잖아? 그러니 어찌하면 좋겠냐고? 유약(有若)의 대답은 나름 명쾌하다. 임금이 임금 노릇을 잘 하라고.

미안하다. 공자가 아직 안 죽었다. 애공이 임금 노릇을 잘 하려고, 밤

나무 아래에 백성들을 모이게 한 것까지는 이미 보았으니, 이것은 그 전의 일이겠다. 또 공자도 들었다. 공자가 죽기 전에도 이것들이 이미 성(成)하였으니, 아마도 애공이 성(成)한 곳을 찾았는가 보다. 결국에 애공(哀公)이 계씨(季氏)에게 대들다가 실패하고 추방당했다.

顔淵 10장

子張問 崇德辨或 子曰 主忠信 徙義 崇德也 愛之欲其生 惡之欲其死 旣欲其生 又欲其死 是或也 誠不以富 亦祗以異

子張問. 자장이 물었다. 崇德辨或. 숭(崇)은 숭상(崇尙). "높여 소중히 여김." 변(辨)은 변별(辨別). "사물의 옳고 그름이나 좋고 나쁨을 가림." 선생님들 책에는 혹(或)이 혹(惑)으로 되어 있으나 여기서는 혹(或)이 맞다. 혹(或)으로 본다. 덕(德)을 높이고 혹(或)을 변별(辨別)하는 법이 어떠한가? 혹(或)은 덕(德)같은 덕(德). 子曰. 공자가 말했다. 主忠信. 이것은 보았다. 충(忠)은 아(我)의 일이고, 신(信)은 아(我)의 오(吾)의 일이다. 徙義. 사(徙) 옮길 사(徙). 이것은 이사(移徙)이다. 실천이 아니다. 의(義)를 옮긴다. 내가 알고 있는 의(義)를 개(改)한다는 것이다. 물론 주충신(主忠信)이 전제되어야 한다. 주충신(主忠信)은 성(省)이다. 잠시도 쉼 없이 성(省)하여 의(義)를 개(改)한다는 것이다. 崇德也. 이것이 덕(德)을 숭(崇)하는 것이다.

愛之欲其生 사랑하는 마음으로 하고자 할 때는 덕(德)이 살고. 惡之欲其死. 미워하는 마음으로 하고자 할 때는 덕(德)이 죽는다. 旣欲其生. 이미 그 사랑하는 마음에는 덕(德)이 있고. 又欲其死. 또는 이미

그 미워하는 마음에는 덕(德)이 없다. 是或也. 이것이 덕(德)같은 덕(德)이다. 誠不以富 亦祇以異. 이게 시경(詩經)의 말씀이란다. 소아(小雅) 아행기야(我行其野). 제목이 참 대단하다. 좋은 제목이다. 대아(大雅)가 왕(王)과 제후(諸侯)의 노래이고, 소아(小雅)가 그 여인네들의 노래이다. 왕(王)과 왕비(王妃). 그리고 왕(王)의 첩(妾)들. 시(詩)는 찾아보시라.

不思舊姻(불사구인) 옛 혼인사랑 생각지 않고
求爾新特(구이신특) 새 여자를 구해다니는 그대
成不以富(성불이부) 진실로 돈 때문도 아니요
亦祇以異(역기이이) 단지 색다른 여자의 맛 때문이지

김용옥선생의 번역이다. "색다른 여자의 맛." 좀, 민망하지만 이것은 정확한 번역이다. "돈 때문도 아니요" 부(富)는 가치이다. 그러나 여기서는 돈의 문제가 아니라 미(美)의 문제이다. 얼굴이 나보다 예뻐서가 아니고, 마음이 나보다 고와서도 아니다. 단지 색다른 여자의 맛. 復我邦家(복아방가). 이 여인은 방(邦)의 공주이든 옹주이든 왕(王)의 여식이다. '나는 나의 나라로 돌아간다.' 爾不我畜(이불아축). 축(畜)은 가축(家畜)의 축(畜)이다. 물론 기를 휵(畜)으로 본다. '그대는 나를 돌보지 않았다.' 言就爾居(언취이거). 언(言)은 정략결혼을 의미한다. '아버지와 나의 나라를 위해 그대와 같이 살았다.' 婚姻之故(혼인지고). '혼인의 까닭으로.'

이 시(詩)는 공자가 자장(子張)에게 하는 말이다. 공자(孔子)가 공주(公主)이다. 그대들은 나를 돌보지 않았다. 아행기야(我行其野). 무소의

뿔처럼 혼자서 가라.

顔淵 11장

齊景公問政於孔子 孔子對曰 君君臣臣父父子子 公曰 善哉 信如君
不君 臣不臣 父不父 子不子 雖有粟 吾得而食諸

齊景公問政於孔子. 제(齊)나라의 경공(景公)이 공자에게 정(政)을 물
었다. 정(政)은 옳고 그름을 따지는 것이다. 孔子對曰. 공자가 대(對)하
여 말하였다. 君君臣臣父父子子. 임금은 임금이고, 신하는 신하이고,
아버지는 아버지이고, 아들은 아들이다. 公曰. 경공(景公)이 말했다. 善
哉. 선(善)은 사이언스이다. 그 좋음이 사이언스이다. 信如君不君. 군
(君)이 뭔 말인지도 모르는 자가 자기가 군(君)이라고 믿고. 臣不臣. 신
(臣)이 뭔 말인지도 모르는 자가 자기가 신(臣)이라고 믿고. 父不父. 부
(父)가 뭔 말인지도 모르는 자가 자기가 부(父)라고 믿고. 子不子. 자
(子)가 뭔 말인지도 모르는 자가 자기가 자(子)라고 믿는다. 雖有粟. 이
것은 겸손의 표현이 아닌가? 비록 내가 좁쌀만 하지만. 좁쌀만큼 알아
들었지만. 吾得而食諸. 내가 득(得)하였으니 그 말씀을 먹겠다.

따지자면 제후(諸侯)는 신(臣)이다. 공(公)은 왕(王)이 아니라 신(臣)이
다. 그러나 보통 공(公)은 자기가 왕(王)이라고 신(信)한다. 공(公)이 왕
(王)인 것은 신(信)인 것이지 의(義)가 아니다. 君君臣臣父父子子. 이것
은 모두 제경공(齊景公)을 두고 하는 말이다. 당신은 임금이면서 신하
이고 아버지이면서 아들이다. 임금이면서 동시에 아버지가 되지 말라.
당신의 아들은 임금의 아들이 아니라 아버지의 아들이다. 당신이 왕(王)

인 것은 신(信)이다. 의(義)로 왕(王)노릇 하지 말라. 의(義)로 따지면 당신도 그냥 신(臣)이다. 내가 뭔 말을 하는지 잘 모르겠지만 아무튼 살펴보시길 바란다.

顔淵 12장
子曰 片言可以折獄者 其由也與 子路無宿諾

子曰. 공자가 말했다. 片言可以折獄者. 한 쪽의 말만 듣고도 판결을 내릴 수 있는 자. 其由也與. 그것이 자로(子路)인가? 子路無宿諾. 자로는 스스로 옳다 여기는 것은 묵혀 두지 않는다. 무슨 말인지 잘 모르겠다.

顔淵 13장
子曰 聽訟 吾猶人也 必也使無訟乎

子曰. 공자가 말했다. 聽訟. 송사(訟事)를 판결하는 것은. 吾猶人也. 나보다 오히려 다른 이가 낫다. 必也使無訟乎. 다른 이보다 내가 나은 것은 애초에 송사를 없게 만드는 것이다.

顔淵 14장
子張問政 子曰 居之無倦 行之以忠

子張問政. 자장이 정(政)을 물었다. 子曰. 공자가 말했다. 居之無倦. 옳고 그름을 따짐에는 진력(盡力)이 없는 것이다. 行之以忠. 맞고 틀림을 따짐에는 온 마음을 다 하라. 잘 모르겠다.

顔淵 15장
子曰 博學於文 約之以禮 亦可以弗畔矣夫

子曰. 공자가 말했다. 博學於文. 박(博)이 박사(博士)의 박(博)인가?
여기서는 만물박사(萬物博士)의 박(博)이다. "여러 방면에 모르는 것이
없는 매우 박식한 사람을 비유적으로 이르는 말." 문(文)에 만물박사가
되라. 비유적으로 이르는 말 아니다. 진짜 박사(博士)가 되어야 한다. 約
之以禮. 약(約)은 약속(約束). 여기서는 검약(儉約). 예(禮)로써 비전공
분야(非專功分野)에서는 아는 척 하기를 신중히 하라. 亦可以弗畔矣
夫. 그러면 또한 경계(境界)가 아님으로써 가(可)하다. 밭두둑 반(畔). 이
건 보지 않았나? 모르겠다. 사실 공자(孔子)는 내게 비전공분야이다. 내
전공은 예수이고 복수 전공이 세존이다. 나는 공자가 누군지도 몰랐다.

顔淵 16장
子曰 君子 成人之美 不成人之惡 小人反是

子曰. 공자가 말했다. 君子. 군자(君子)는. 成人之美. 성인(成人)의 미
(美)이고. 不成人之惡. 불성인(不成人)의 오(惡)이다. 성인(成人)은 군
자(君子)를 아름답다 여기고, 불성인(不成人)은 군자(君子)를 미워하는
바이다. 小人反是. 소인(小人)은 이것을 반(反)한다. 소인(小人)은 성인
(成人)의 오(惡)이고, 불성인(不成人)의 미(美)이다.

여기서 소인(小人)은 그냥 소인(小人)이 아니라 군자(君子)같은 군자(君子)이다. 이름은 군자(君子)나 이것이 사이비(似而非)이다. 공자의 제자들이 다 사이비 군자이다. 이들은 공자를 미워한다. 싫어한다. 왜? 아(我)가 유(有)하는 까닭이다. 아(我)가 재(在)하지 않는다. 아(我)의 재(在)는 곧 아(我)의 무(無)이다. 이 제자님들이 아(我)를 버리지 못했다. 아(我)의 재(在)가 곧 성인(成人)이다. "자라서 어른이 된 사람. 보통 만 19세 이상의 남녀를 이른다." 미성인(未成人). "아직 어른이 되지 못한 사람." 미성인(未成人)이 아니라 불성인(不成人)은 이것이 이미 나이는 성인(成人)인데 성인(成人)이 아니라는 얘기이다. 나이는 먹어 얼굴에 주름이 자글자글하여도 이것이 어른이 아니다. 성인(成人)은 사회(社會)의 구성원(構成員)이다. 성인(成人)의 사회생활은 보통 아(我)가 재(在)한다. 아(我)가 재(在)한다는 것은 타인의 아(我)와 나의 아(我)가 같다는 것이다. 동등(同等)하게 대우를 한다는 것이다. 그런데 뭐가 문제냐면, 공자는 제자들의 아(我)를 자신과 동등하게 대우하지 않았다. 이것은 어쩔 수가 없다. 까닭에 미움은 피할 길이 없다. 군자(君子)가 미움받는 것은 피할 길이 없다. 이것이 진(進)이다. 진화(進化). 인간의 진화(進化). 미움 받기 위해 태어난 인간이 곧 군자(君子)이다. 이것은 어쩔 수가 없다.

顔淵 17장
季康子問政於孔子 孔子對曰 政者 正也 子帥以正 孰敢不正

季康子問政於孔子: 계강자(季康子)가 공자에게 정(政)을 문(問)하였다. 이것이 문(聞)의 문(問)인 것인지는 잘 모른다. 말씀에 없다. 문(問)

을 구(求)하는 것이 아니라 그냥 답(答)을 청(聽)하는 듯싶다. 孔子對
曰. 공자가 대(對)하여 말하였다. 지금 계강자는 거의 왕(王)이다. 그래
서 공자대(孔子對)를 썼다. 政者. 정(政)이라는 것은. 正也. 정(正)이다.
정(政)은 옳고 그름을 따지는 것이다. 옳고 그름은 자연히 있는 것이 아
니다. 자연히 있는 것은 맞고 틀림이다. 정(政)은 맞고 틀림으로 하는 것
이 아니다. 맞고 틀림은 정(政)이 아니라 치(治)이다. 옳고 그름은 자연
히 있는 것이 아니다. 이것은 헤매고 또 헤매는 것이다. 과연 무엇이 옳
은 것인지를 따지기를 헤매고 또 헤매는 것이다. 미움 받을 각오가 없는
자는 정(政)을 논(論)할 수 없다. 죽음의 각오가 없는 자는 정(政)을 논
(論)하여서는 안 된다. 물론 말이 그렇다는 것이고, 아무나 해도 된다.
子帥以正. 이 자(子)가 계강자(季康子)의 자(子)인가? 이것이 공자의 자
(子)인데? 이것이 여기서는 계강자(季康子)인가? 놀랍군. 공자는 이제
옳고 그름을 따지지 않는다. 지금 공자의 나이가 거의 70이다. 따져봐야
기대치가 없다. 계강자(季康子) 그대가 이제 백성의 선생이다. 선생이
정(正)으로써 수선(帥先)한다면. 孰敢不正. 누가 감히 정(正)이 아님을
저지르겠는가?

그런데 이것은 정(政)이 아니라 치(治)가 아닌가? 治者 正也. 공자의
대왈(對曰)은 정(政)이 아니라 치(治)이다. 정(政)을 문(問)하였지만 치
(治)로 답(答)하였다. 그럼 이제 공자가 죽을 때가 된 것이다. 더 이상
다툴 힘이 없다.

顔淵 18장
季康子患盜 問於孔子 孔子對曰 苟子之不欲 雖賞之不竊

季康子患盜. 환(患)은 마음의 걱정이다. 머리의 걱정이 아니고 복잡한 걱정도 아니다. 이미 다 아는 걱정이다. 도둑 도(盜). 그러니까 이것이 공무원(公務員)인 것이다. 공무원들이 다 도둑놈들이라는 것이다. 問於孔子. 공자가 계강자를 선생으로 대우를 하니 이젠 편하게 아무거나 묻는가 보다. 孔子對曰. 그대가 자(子)이고 나는 다만 공자(孔子)이다. 대(對)하여 말하였다. 苟子之不欲. 선생께서 받는 뇌물이 다 공무원들이 도둑질 한 것이랍니다. 물론 이름은 선물(膳物)이겠지만 그게 그거랍니다. 苟子之不欲. 진실로 선생께서 바라지 않는다면. 雖賞之不竊. 비록 상을 준다고 하여도 나라의 세금을 훔치지 않을 것입니다.

顔淵 19장

季康子問政於孔子曰 如殺無道 以就有道 何如 孔子對曰 子爲政 焉用殺 子欲善而民善矣 君子之德風 小人之德草 草上之風 必偃

季康子問政於孔子曰. 계강자(季康子)가 공자에게 정(政)을 문(問)하여 말하였다. 如殺無道. 무도(無道)한 놈들은 다 죽여 버린다. 以就有道. 취(就)는 취임(就任)의 취(就). 죽이는 일은 내가 한다. 그럼으로써 공무원의 기강을 바로 세운다. 何如. 어찌 생각하시는가? 孔子對曰. 공자가 대(對)하여 말하였다. 子爲政. 선생께서 정(政)을 이루시는데. 焉用殺. 어찌 살(殺)을 용(用)하십니까? 子欲善而民善矣. 선생께서 선(善)을 욕(欲)하시면 인민(人民)들이 임(任)하여 살(殺)할 것입니다. 君子之德風. 군자(君子)의 덕(德)은 바람이고. 小人之德草. 소인(小人)의 덕(德)은 풀이다. 여기서 소인(小人)은 나도 같이 좀 해먹자는 고위공무원. 草上之風. 풀 위의 바람이다. 必偃. 풀은 반드시 눕는다.

이것이 말은 그럴듯하지만 내가 보기엔 개똥철학이다. 공자가 잡초(雜草)를 너무 우습게 본다. 잡초는 이것이 베어 버려도 죽지 않는다. 뿌리를 뽑아야 하고 또 그것을 말려야 한다. 말리지 않고 버려두면 그새 다시 뿌리를 내린다. 잡초의 생명력을 공자가 너무 우습게 안다. 물론, 공자님 말씀인 즉, 베어 봐야 아무 소용이 없다는 것이겠다. 초(草). 반드시 죽여야 한다면, 이것은 말려 죽여야 한다. 초(草)는 말려 죽여야 한다. 하여튼 이것은 정(政)이 아니다. 계강자가 자(子)로 쓰인 것이 분명하지 않은가. 그러니 정(政)이라고 쓰여 있어도 아닌 것은 아닌 것이다.

顔淵 20장

子張問 士何如斯可謂之達矣 子曰 何哉 爾所謂達者 子張對曰 在邦
必聞 在家必聞 子曰 是聞也 非達也 夫達也者 質直而好義 察言而觀
色 慮以下人 在邦必達 在家必達 夫聞也者 色取仁而行違 居之不疑
在邦必聞 在家必聞

子張問. 자장(子張)이 물었다. 士何如斯可謂之達矣. 달(達)은 통달(通達)이 아니라 달성(達成)이다. 사(士)가 무슨 통달(通達)을 하겠는가. 하(何)는 기본이 '무엇'을 묻는 것이다. What. 선비가 목적을 달성했다고 일컬을 수 있는 것이 있다면, 이와 같은 것이 무엇이겠는가? 子曰. 공자가 말했다. 何哉. 무엇을 묻는가? 爾所謂達者. 이(爾)는 존칭이다. 너가 아니라 그대이다. 내가 보기에 공자가 너무 늙었다. 단지 늙음 때문만은 아니겠다. 안회(顔回)가 죽고 공자가 변(變)한 것이다. 그대가 말하는 달(達)의 의미하는 바가 무엇인가? 子張對曰. 자장이 대(對)하여 말하였다. 在邦必聞. 인민(人民)들이 당신은 반드시 벼슬을 해야 한다는 말하고. 在家必聞. 가(家)는 대부(大夫)의 정부(政府)이다. 정부(政府)에서도 당신은 반드시 벼슬을 해야 한다고 말하는 것이다. 사(士)는 "학식은 있으나 벼슬하지 않는 사람을 이르던 말." 인민들도 그렇고, 대부도 그렇고 다 한목소리로 반드시 벼슬을 해야 한다고 말을 듣는 것이 사(士)의 달(達)이다. 그러니까 사(士)가 이런 소리를 들으려면 어떠해야 하는가? 子曰. 공자가 말하였다. 是聞也 非達也. 반드시 벼슬을 해야 한다는 소리를 듣는 것이, 선비의 목적 달성이 아니다. 夫達也者. 대체로 보아서 사(士)의 목적 달성이라고 하는 것은. 質直而好義. 바탕이 곧고 바르면서 의(義)를 좋아한다. 察言而觀色. 남의 말을 자세히 살필 줄 알면서 그 낯빛을 꿰뚫어 볼 수 있다. 慮以下人. 스스로 낮은 자가 되어 타인(他人)을 배려(配慮)한다. 在邦必達. 그러면 인민들에게는 남 밑에서 벼슬을 하기에는 아까운 사람이라는 말을 듣고. 在家必達. 정부에서는 벼슬을 시키기엔 위험한 인물이라는 소리를 듣는다. 夫聞也者. 대체로 보아서 반드시 벼슬을 해야 한다고 소리를 듣는 것은. 色取仁而行違. 얼굴 낯빛으로 인(仁)을 취(取)하면서 마음에 따르는 행(行)을 어기는 것이다. 居之不疑. 살아감에 아무런 의문(疑問)이 없다. 在邦必聞. 在家必聞. 그러면, 그런 소리를 듣는다.

문(聞)은 문(問)하여 듣는 것이 문(聞)이다. 먼저 문(問)을 구(求)해야 한다. 먼저 문(問)을 득(得)해야 한다. 그래야 남을 욕하지 않고 살 수 있다. 남에게 욕 안 먹고 살기를 바라는가?

顔淵 21장
樊遲從遊於舞雩之下 曰 敢問崇德修慝辨惑 子曰 善哉問 先事後得

非崇德與 攻其惡 無攻人之惡 非修慝與 一朝之忿 忘其身 以伋其親 非惑與

　樊遲從遊於舞雩之下. 번지(樊遲)가 무우(舞雩)의 아래에서 유(遊)하는 것을 종(從)하였다. 무우(舞雩)는 기우제(祈雨祭). 아마도 왕(王)을 대신하여 계씨(季氏)가 제(祭)를 지내고 있었을 것이다. 안 봐도 비디오다. 번지가 그것을 물은 것이다. 유(遊)는 놀 유(遊). 그러니까 공자는 제(祭)에 그냥 참관(參觀)하러 간 것이다. 曰. 번지가 말했다. 敢問崇德修慝辨或. 감히 문(問)한다. 덕(德)을 숭상(崇尙)하고 사특(邪慝)함을 수양(修養)함에 혹(或)을 변별(辨別)함이 무엇인가? 그러니까 변혹(辨或)은 사이비(似而非)를 변별(辨別)하는 것이다. 그러니까 이것이 계씨(季氏)가 너무 진지한 것이다. 이것이 진짜 왕(王)같은 것이다. 이것이 가짜가 분명한데 가짜라고 말하기가 너무 어려운 것이다. 子曰. 공자가 말하였다. 善哉問. 선(善)은 사이언스이다. 좋은 문(問)이다. 이것은 그 문(問)이 그 논점(論點)을 정확하게 집었다는 것이다. 先事後得. 우선 일을 하고 후에 보수를 받는다. 非崇德與. 덕(德)을 숭(崇)하는 것이 아닐 것이다. 攻其惡. 그 오(惡)를 공격(攻擊)하고. 無攻人之惡. 그 오(惡)의 인간(人間)을 공격(攻擊)함이 없다면. 非修慝與. 사특(邪慝)함을 수양(修養)하는 것이 아닐 것이다. 응? 이것은 번지에게 하는 말인데? 그럼 앞에 말도 번지에게 하는 말이네? 번지는 계씨를 야단치라 물은 것인데 공자는 오히려 번지를 야단친다.

　一朝之忿. 한 왕조(王朝)의 분노(忿怒). 忘其身. 그 몸을 잊는다. 以伋其親. 나는 왕족(王族)도 아니고, 나는 왕조(王朝)와 친(親)의 관계도 아니다. 그러나 나는 죽을 수 있다. 非惑與. 미혹(迷惑)이 아닐 것이다.

顔淵 22장

樊遲問仁 子曰 愛人 問知 子曰 知人 樊遲未達 子曰 擧直錯諸枉 能
使枉者直 樊遲退 見子夏曰 鄕也吾見於夫子而問知 子曰 擧直錯諸枉
能使枉者直 何謂也 子夏曰 富哉言乎 舜有天下 巽於衆 擧皐陶 不仁
者遠矣 湯有天下 巽於衆 擧伊尹 不仁者遠矣

樊遲問仁. 번지(樊遲)가 인(仁)을 문(問)하였다. 子曰. 공자가 말했다.
愛人. 타인(他人)을 사랑하는 것이다. 問知. 타인(他人)을 사랑한다 함
은 어찌 하는 것인가? 子曰. 공자가 말했다. 知人. 타인(他人)을 아는
것이다. 樊遲未達. 번지가 아직 달(達)하지 못하였다. 子曰. 공자가 말
했다. 擧直錯諸枉. 곧은 것을 들어 모든 굽은 것을 어긋나게 한다. 가
령 직(直)은 영점사격(零點射擊)이다. 점수는 없는 것이고 단지 탄착군
(彈着群)을 보는 것이다. 탄착군이 형성되면 오조준을 할 수 있다는 것
이다. 이것은 일종의 방편 교육이다. 열심히 공부해서 좋은 대학에 가면
예쁜 여자 친구를 사귈 수 있다. 能使枉者直. 예쁜 여자를 사귀기 위해
대학에 가는 게 아니지만. 그러나 열심히 공부하여 좋은 대학에 가게
시킬 수 있다는 것이다. 애인(愛人)과 지인(知人)은 인(仁)의 방편(方便)
이다. 樊遲退. 번지가 물러나고. 見子夏曰. 자하(子夏)를 만나 말하였
다. 鄕也吾見於夫子而問知. 향야(鄕也)가 중국어의 '지난번'이라고 한
다. 아무튼 나는 잘 모른다. 지난번의 일로 나는 견(見)하였다. 그러니
까 이것이 지난번에는 미달(未達)이었는데 지금은 달(達)이라는 얘기이
다. 대체로 보아서 공자의 하신 말씀으로 지(知)를 문(問)함에 견(見)하

였다. 그럼 번지가 견(見)한 그 지(知)가 무엇인가? '타인(他人)을 사랑하라.' 이 말씀의 지(知)를 득(得)하였다는 것이다. 이것이 어떻게 인(仁)인지 그 문(問)을 득(得)하였다는 것이다. 子曰 擧直錯諸枉 能使枉者直. 이것이 청개구리 가르치는 방법이다. 오른쪽을 가라고 하면 꼭 왼쪽으로 간다. 하라고 하면 안 하고, 하지 말라고 하면 한다. 제아무리 청개구리라 하여도 탄착군이 형성되면 능(能)히 사(使)할 수 있다. 何謂也. 어찌 이런 일컬음이다. 번지가 아는 척을 한 것이다. 子夏曰. 자하가 말하였다. 富哉言乎. 상상력이 풍부하구나. 그 말씀이 그런 말씀이겠는가? 舜有天下. 순(舜)임금의 권위(權威). 남의 권위를 자기화(自己化) 시키는 인간 치고 잘난 인간이 없다. 巽於衆 擧皐陶 不仁者遠矣. 순(舜)임금이 천하(天下)를 다스림에 불순한 무리들을 부드럽게 대하여 고요(皐陶)를 거(擧)하니 불인(不仁)한 자들이 멀어졌다. 湯有天下 巽於衆 擧伊尹 不仁者遠矣. 탕(湯)임금이 천하를 다스림에 불순한 무리들을 부드럽게 대하여 이윤(伊尹)을 거(擧)하니 불인(不仁)한 자들이 멀어졌다. 자하는 문학(文學)에 손꼽힌다. 문학(文學)은 오늘날 역사(歷史)에 가깝다. 아무래도 번지(樊遲)가 득(得)한 사랑으로는 사(使)하기가 좀 어렵겠다.

顔淵 23장
子貢問友 子曰 忠告而善道之 不可則止 無自辱焉

子貢問友. 자공(子貢)이 우(友)를 문(問)하였다. 이 우(友)가 바로 22장의 자하(子夏)와 같다. 이미 공문(孔門)의 종자(從者)들이 다 이렇다. 이것들이 이미 공자와 다이다이하는 지경이다. 다이는 일본말 대(對)란다. 맞짱을 한번 뜰까? 이미 공자가 못 이긴다. 공자가 너무 늙었다. 공자가 피해야 한다. 슬픈 현실이다. 子曰. 공자가 말했다. 忠告而善道之. 충고(忠告)하고 선도(善導)하라. 不可則止. 불가(不可)하다 생각되면 즉(則) 지(止). 그칠 지(止). 無自辱焉. 스스로를 욕(辱)되게 할 필요는 없다.

이것이 안회(顏回)의 부작용(副作用)이다. 지가 뿌린 씨니 지가 해결하면 된다고. 공자는 그것에 관여하지 않았다. 그런데 안회(顏回)가 죽었다. 안회가 죽었다.

顏淵 24장
曾子曰 君子 以文會友 以友輔仁

曾子曰. 증자(曾子)가 말했다. 군자(君子)는 문(文)으로써 우(友)를 모으고, 우(友)로써 인(仁)을 보좌(輔佐)한다.

할 말이 없다. 진짜 할 말이 없다. 이게 무슨 개소리인가.

이 논어(論語)의 최종 편집자가 누구인지, 그는 분명 하늘이다.

子路

子路 1장
子路問政 子曰 先之 勞之 請益 曰 無倦

子路問政. 자로(子路)가 정(政)을 문(問)하였다. 子曰. 공자가 말했다. 先之. 선(先)는 선행학습(先行學習). 제발 좀 아는 것을 물어라. 모르는 것을 묻지 말고. 모르니까 묻는 것이지 알면 왜 묻겠냐? 도대체 무엇이 잘못이란 말인가. 勞之. 노(勞)는 노동(勞動). 안다는 것은 노동(勞動)과 같다. 알고자 함의 노동(勞動)을 통해서만이 알 수 있는 것이다. 안다는 것은 결코 값없이 거저 얻을 수 있는 것이 아니다. 請益. 더 해 줄 말이 있는가? 曰. 공자가 말했다. 無倦. 권(倦)은 권태(倦怠). "어떤 일이나 상태에 시들해져서 생기는 게으름이나 싫증." 사실 내가 지금 좀 그렇다. 나는 지금 권태(倦怠)를 느낀다. 집중력이 상당히 떨어졌고 산만하다. 無倦. 권태(倦怠)가 없어야 한다.

자로(子路)는 정사(政事)에 손꼽힌다. 자로(子路)는 직(直)인 것이다. 직(直)과 정(正)은 아무튼 서로 통한다. 공자가 굳이 정(政)에 대한 답(答)을 주지 않아도 된다. 자로(子路)가 스스로 알아서 나아가게만 하면 된다. 그래서 공자의 대답이 저런 것이다. 앞에 것은 그냥 내 얘기이다. 자로(子路)와는 별 상관없다.

子路 2장
仲弓爲季氏宰 問政 子曰 先有司 赦小過 擧賢才 曰 焉知賢才而擧之

曰 擧爾所知 爾所不知 人其舍諸

仲弓爲季氏宰. 중궁(仲弓)이 계씨(季氏)의 재(宰)가 되었다. 問政. 정
(政)을 문(問)하였다. 子曰. 공자가 말했다. 先有司. 사(司)가 사법(司法)
의 사(司)가 아닌가? "국가의 기본적인 작용의 하나. 어떤 문제에 대하
여 법을 적용하여 그 적법성과 위법성, 권리관계 따위를 확정하여 선언
하는 일이다." 우선 나는 이런 사람이다 선언(宣言)이 있어야 한다. 赦小
過. 작은 과(過)는 사면(赦免)해 주고. 擧賢才. 현명(賢明)하고 재능(才
能)있는 자들을 올려 주어야 한다. 曰. 중궁이 말하였다. 焉知賢才而擧
之. 다 처음 보는 인간들인데 어떻게 현명하고 재능 있는 줄 알고 올려
주는가? 曰. 공자가 말했다. 擧爾所知. 그대가 아는 바에서 올려 주면
된다. 爾所不知. 그러면 그대가 알지 못하는 현명하고 재능 있는 자들
은. 人其舍諸. 사람들이 추천할 것이다.

子路 3장
子路曰 衛君待子而爲政 子將奚先 子曰 必也正名乎 子路曰 有是哉
子之迂也 奚其正 子曰 野哉 由也 君子於其所不知 蓋闕如也 名不正
則言不順 言不順則事不成 事不成則禮樂不興 禮樂不興則刑罰不中
刑罰不中則民無所措手足 故君子名之 必可言也 言之 必可行也 君子
於其言 無所苟而已矣

子路曰. 자로(子路)가 말하였다. 衛君待子而爲政. 위(衛)나라의 임금
이 공자를 대접(待接)하여 정(政)을 이루려고 한다. 子將奚先. 공자께
서 장차 위나라에서 벼슬을 한다면 그 우선하는 까닭이 무엇인가? 子

曰. 공자가 말했다. 必也正名乎. 어느 나라에서 벼슬을 하든지 그것은 명(名)을 바르게 하는 것이다. 子路曰. 자로(子路)가 말하였다. 有是哉. 명(名)은 이미 있는 것이 아닙니까. 군군신신(君君臣臣). 임금은 이미 임금이고 신하는 이미 신하입니다. 子之迂也. 공자께서는 현실을 너무 모르십니다. 奚其正. 왜 그 정(正)이어 합니까? 현실이 이미 정(正)인 것입니다. 노(魯)나라에서 그러다가 죽을 뻔도 하지 않았습니까? 현실을 인식하고 현실에서 출발해야 합니다. 현실이 이미 정(正)입니다. 子曰. 공자가 말했다. 野哉. 야(野)하구나. "천박(淺薄)하고 요염(妖艶)하다." 由也. 내가 보기에 자로(子路)는 지금 요염(妖艶)에 가깝다. "사람을 호릴 만큼 매우 아리땁다." 君子於其所不知. 여기서 군자(君子)는 자로가 아니라 공자이다. 지금 농담하는 분위기가 아니다. 군자(君子)는 그 알지 못하는 바에서는. 蓋闕如也. 그것을 덮어씌우는 것과 같다. 무엇이? 정명(正名)이. 명(名)을 바르게 하는 것이. 군자(君子)가 알지 못하는 바에서는 그 명(名)을 덮어씌우는 것과 같다. 군자가 알지 못하는 바는 무질서이다. 무질서의 앞길은 군자도 모른다. 알 필요가 없다. 백 년도 못사는 인간들에겐 별 문제가 없지만, 이미 삼천 년을 내다보는 공자에게 이 무질서는 심각한 문제이다. 이러다간 오백 년도 못 산다. 더러운 쓰레기는 땅에 묻어야 한다. 그것이 정명(正名)이다. 名不正則言不順. 명(名)이 부정(不正) 즉(則) 언(言)이 불순(不順)하고. 言不順則事不成. 언(言)이 불순(不順) 즉(則) 사(事)가 불성(不成)이다. 事不成則禮樂不興. 사(事)가 불성(不成) 즉(則) 예악(禮樂)이 불흥(不興)하고. 禮樂不興則刑罰不中. 예악(禮樂)이 불흥(不興) 즉(則) 형벌(刑罰)이 부중(不中)하다. 刑罰不中則民無所措手足. 형벌(刑罰)이 부중(不中) 즉(則) 민(民)은 수족(手足)을 둘 곳이 없다. 별 쓸데없는 말을 길게도 하는 것은 아마도 자로(子路)가 지금 그만큼 요염한 까닭이다. 아니면 말고. 故君子名之. 까닭에 군자가 바르게 명(名)하면. 必可言也. 반드시 언(言)이 가(可)하다. 言之. 언(言)하면. 必可行也. 반드시 행(行)이 가(可)하다. 君子於其言. 군자(君子)의 그 언(言)에는. 無所苟而已矣. 구차(苟且)한 바가 없다. 이이 이(已). 의(矣). 그러하다.

子路 4장

樊遲請學稼 子曰 吾不如老農 請學爲圃 曰 吾不如老圃 樊遲出 子曰 小人哉 樊須也 上好禮 則民莫敢不敬 上好義 則民莫敢不服 上好信 則民莫敢不用情 夫如是 則四方之民襁負其子而至矣 焉用稼

樊遲請學稼. 번지(樊遲)가 농사일 배우기를 청(請)하였다. 이게 무슨 말인가 하면, '우리 같이 농사나 지어요.' 이런 말이다. 제가 보기에 공자님을 알아주는 이가 아무도 없어요. 그러니 그냥 우리 농사나 짓고 살아요. 子曰. 공자가 말하였다. 吾不如老農. 나는 늙은 농부만 못하다. 請學爲圃. 그럼 우리 채소를 팔아서 먹고살면 돼요. 채소 키우는 것은 그렇게 어렵지 않아요. 曰. 공자가 말하였다. 吾不如老圃. 나는 늙은 채소장만 못하다. 樊遲出. 번지가 나갔다. 이것이 정말 가출(家出)을 한 것인가? 잘 모르겠다. 나중에 보자. 子曰. 공자가 말했다. 小人哉. 소인(小人)이로다. 樊須也. 번수(樊須). 명(名)이 수(須). 자(字)가 자지(子遲). 上好禮. 상(上)이 예(禮)를 호(好)하면. 則民莫敢不敬. 즉(則) 민(民)이 감히 경(敬)하지 않을 수가 없고. 上好義. 상(上)이 의(義)를 호(好)하면. 則民莫敢不服. 즉(則) 민(民)이 감히 복(服)하지 않을 수가 없고. 上好信. 상(上)이 신(信)을 호(好)하면. 則民莫敢不用情. 즉(則)

민(民)이 정(情)을 용(用)하지 않을 수가 없다. 夫如是. 대체로 보아서 이와 같다면. 則四方之民襁負其子而至矣. 즉(則) 사방(四方)의 민(民)이 그 자식을 포대기로 업고 이를 것이다. 焉用稼. 어떻게 가(稼)를 용(用)하겠는가? 이게 뭔 소리인가? 공자가 미쳤는가? 내가 보기엔 미친 것 같다. 호랑이는 굶어 죽을지언정 풀을 뜯지 않는다? 뭐 그런 소리인가? 이것은 자로(子路)의 용(勇)인데? 도무지 쓸 바가 없다는 바로 그 자로의 용(勇)인데? 번지(樊遲)는 착하다. 물론, 라이프의 착함은 같은 논리로 쓸 바가 없다.

공자의 말은 다 번지(樊遲)를 두고 하는 말이다. 공자 본인의 얘기가 아니다. 자한9장. 冕衣裳者與瞽者. 내가 보기에 번지가 이 자(者)와 같다. 번지에게서 임금의 상(像)이 보인다. 공자가 여기서 상(上)을 쓰기 전에 나도 이미 본 것이다. 안연21장, 22장. 이 자가 임금을 해야 한다고 너무 뻔히 보인다. 그런데 소경이다. 안회(顔回)는 앉은뱅이이고, 이것은 소경이다. 공자가 참으로 난감하다. 안회가 죽지 않았다면, 번지는 정말 왕(王)을 하였을 것이다. 내가 보기엔 분명하다.

子路 5장
子曰 誦詩三百 授之以政 不達 使於四方 不能專對 雖多 亦奚以爲

子曰. 공자가 말했다. 誦詩三百. 시(詩) 삼백(三百)을 다 외운다. 授之以政 줄 수(授). 제수(除授). "추천의 절차를 밟지 않고 임금이 직접 벼슬을 내리던 일." 정(政)을 이루라 벼슬을 내렸다. 不達. 달(達)은 달성(達成). 달성하지 못하고. 使於四方. 사(使)는 사신(使臣). 不能專對. 오로지 전(專). 왜 전(專)이냐 하면 이것이 임금을 대신하는 것이다. 남의 나라에 가서는 본인이 그냥 임금인 것이다. 능(能)하지 못한다면. 雖多. 비록 많을지라도. 亦奚以爲. 해(奚)는 Why. 또한 무엇을 이루려 그렇게 공부를 한 것인가?

子路 6장
子曰 其身正 不令而行 其身不正 雖令不從

子曰. 공자가 말했다. 其身正. 신(身)은 수신(修身). 그 수신(修身)함에 바르면. 不令而行. 령(令)하지 않아도 행(行)하고. 其身不正. 그 수신(修身)함에 바르지 않으면. 雖令不從. 비록 령(令)할지라도 좇지 않는다. 문법적 해석이 어떤지 모르겠지만, 의미는 이게 맞을 듯싶다.

子路 7장
子曰 魯衛之政 兄弟也

子曰. 공자가 말했다. 魯衛之政. 노(魯)나라와 위(衛)나라의 정(政)은. 兄弟也. 형(兄)과 제(弟)의 관계이다. 무슨 소린지 모르겠다. 좋은 소리로는 안 들린다.

子路 8장
子謂衛公子荊 善居室 始有 曰 苟合矣 少有 曰 苟完矣 富有 曰 苟美矣

子謂衛公子荊. 가시나무 형(荊). 형처(荊妻). "남에게 자기의 아내를 낮추어 이르는 말." 국어사전에 이것이 후한(後漢) 때 유래된 말이라고 하는데 상관없다. 형(荊)은 그냥 처(妻)로 본다. 공자(公子)는 왕자(王子)이다. 공자가 위(衛)나라 왕자(王子)의 처(妻)를 평하였다. 善居室. 선(善)은 그 좋음이 사이언스이다. 살 거(居). 실(室)은 내실(內室). 안방을 차지함이 보기에 좋았더라. 始有. 비로소 시(始). 후실(後室)이 비로소 있었다. 曰. 형(荊)이 말하였다. 苟合矣. 겨우 합(合)을 이루었다. 少有. 후실(後室)이 적게 있었다. 曰. 형(荊)이 말하였다. 苟完矣. 겨우 완(完)을 이루었다. 富有. 중간에 다(多)가 빠졌다. 이것이 몇 명이면 부(富)가 되는가? 대륙의 스케일은 가늠하기 어렵다. 曰. 형(荊)이 말하였다. 苟美矣. 겨우 미(美)를 이루었다.

子路 9장

子適衛 冉有僕 子曰 庶矣哉 冉有曰 旣庶矣 又何加焉 曰 富之 曰 旣富矣 又何加焉 曰 敎之

子適衛. 적(適)은 시찰(視察)이다. 공자가 위(衛)나라의 사정을 살피었다. 冉有僕. 복(僕)은 경호(警護). 염유가 경호하였다. 이것이 아직은 낯선 땅인 것이다. 子曰. 공자가 말했다. 庶矣哉. 서(庶)가 여러 서(庶)이지만, 이것이 많다는 것을 의미하는 것이 아니다. 여럿이서 먹을 것을 나누어야 하니 가난하다는 것이다. 위(衛)나라가 노(魯)나라보다 잘사는 나라인가? 그렇지 않을 것이다. 노(魯)나라보다 나을 것이 없다. 형제(兄弟)의 나라라 하였으니 아우의 나라이다. 참으로 가난하구나. 冉有曰. 염유가 말하였다. 旣庶矣. 태어나기를 이미 가난한 자들입니다. 又何加

焉. 다시 무엇을 가(加)할 수 있겠습니까? 曰. 공자가 말했다. 富之. 부유(富裕)하게 만들어야 한다. 曰. 염유가 말했다. **旣富矣.** 태어나기를 이미 부유한 자들이 있습니다. 又何加焉. 그러면 다시 무엇을 가(加)할 수 있겠습니까? 曰. 공자가 말했다. 敎之. 가르치어야 한다.

子路 10장
子曰 苟有用我者 朞月而已 可也 三年有成

子曰. 공자가 말했다. 苟有用我者. 다만 아(我)를 용(用)하는 자가 있기만 하면은. 朞月而已 일 년이나 그 이전에라도. 可也. 나라가 나아갈 방향을 설득할 수 있고. 三年有成. 삼 년이면 이룸이 있어 스스로 나아가게 할 수 있다.

그런데, 이것이 어찌 자로편이라 그런지, 아니면 내가 문득 그렇게 보아서 그런지, 이것이 어찌 공자님 말씀이 다 자로의 용(勇)으로 보인다. 이것이 오(吾)가 아니라 아(我)이다. 아(我)를 용(用)하라는 것은, 이것이 나라의 전권(全權)을 달라는 것이다. 명목상 이름만 빼고 자기를 왕(王)으로 시켜달라는 것이다. 그런데 이거 계씨(季氏)가 시켜줬다. 물론 계씨가 왕이 아니니까 한 다리 건너긴 했지만, 그때 공자는 노(魯)나라의 최고결정권자이었다. 역시나 계씨에게 대들다가 추방당했다. 내가 보기에 이 말씀은 불가(不可)하다. 용(用)이 아니라 공자가 진짜 왕(王)을 한다면 가(可)하다. 반대파(反對派)를 상정(上程)하지 않는다면 누가 못하겠나?

子路 11장
子曰 善人爲邦百年 亦可以勝殘去殺矣 誠哉是言也

子曰. 공자가 말했다. 善人爲邦百年. 선인(善人)이 백 년 동안 방(邦)을 이룬다. 亦可以勝殘去殺矣. 또한 가(可)하다. 잔인(殘忍)함을 이김으로로써 살생(殺生)이 없어진다. 이것이 사자가 풀을 뜯어 먹는다는 소리이다. 이것도 공자가 잘 몰라서 하는 소리이다. 적어도 삼백 년은 걸린다. 열 세대(世代)는 지나야 겨우 가(可)하다. 생(生)의 의지가 그렇게 만만하지 않다. 誠哉是言也. 성(誠)은 정성(精誠). 그것도 죽을 똥 살 똥 열심히 일해야 한다.

子路 12장
子曰 如有王者 必世而後仁

子曰. 공자가 말했다. 如有王者. 여기서 왕(王)은 천자(天子)이다. 본시 왕(王)이 천자(天子)이다. 제후(諸侯)는 공(公)이고. 그런데 이 말씀의 천자(天子)는 자리가 없고 인물만 있다. 그럼 이게 공자가 본인 얘기하는 것이다. 천자(天子)인 자(者)가 있는 것 같다면. 必世而後仁. 세(世)는 별세(別世). 반드시 세상(世上)을 떠난 후(後)에야 인(仁)하다고 한다. 죽은 후에야 인(仁)하다고 한다. 죽었으니까 인(仁)하다고 하는 것이다. 다시 깨어나면 아마도 삼 일이 못 갈 것이다.

子路 13장
子曰 苟正其身矣 於從政乎何有 不能正其身 如正人何

子曰. 공자가 말했다. 苟正其身矣. 진실로 수신(修身)을 바르게 해야 한다. 於從政乎何有. 정(政)을 좇음에서야 수신(修身)이 어찌 있겠는 가? 不能正其身. 수신(修身)을 바르게 할 능력(能力)이 없음에도 정(政) 을 좇는다면. 如正人何. 남들을 바르게 하는 것 같은 것은 무엇인가?

子路 14장

冉子退朝 子曰 何晏也 對曰 有政 子曰 其事也 如有政 雖不吾以 吾 其與聞之

冉子退朝. 염유와 공자가 조정(朝廷)에서 물러났다. 子曰. 공자가 말 했다. 何晏也. 어쨌든 잘 마쳤다. 對曰. 염유가 대(對)하여 말하였다. 有 政. 정(政)을 따질 숙제가 남아있다. 子曰. 공자가 말했다. 其事也. 그것 은 사(事)이다. 따질 것이 아니다. 如有政. 따질 것이 있을 것 같았으면. 雖不吾以. 비록 나의 일이 아닐지라도. 吾其與聞之. 내가 그것과 더불 어 그것을 들었을 것이다.

子路 15장

定公問 一言而可以興邦 有諸 孔子對曰 言不可以若是其幾也 人之 言曰 爲君難 爲臣不易 如知爲君之難也 不幾乎一言以興邦乎 曰 一言 以喪邦 有諸 孔子對曰 言不可以若是其幾也 人之言曰 予無樂乎爲君 唯其言而莫予違也 如其善而莫之違也 不亦善乎 如不善而莫之違也 不幾乎一言以喪邦乎

定公問. 정공(定公)이 물었다. 一言而可以興邦. 한마디 말이면 나라를 흥(興)하게 할 수 있다. 有諸. 그런 말이 있겠는가? 孔子對曰. 공자가 대(對)하여 말하였다. 言不可以若是其幾也. 말은 이것이 그 기미(幾微)이다 표현할 수가 없다. 人之言曰. 사람들의 말에 이르기를. 爲君難. 임금 이루기가 어렵다. 爲臣不易. 신하 이루기가 쉽지 않다 하였으니. 如知爲君之難也. 임금이 임금 이루기의 어려움을 아는 것 같으면. 不幾乎一言以興邦乎. 한마디 말로 나라를 흥하게 할 수 있는 그 기미(幾微)가 아니겠는가? 曰. 정공이 말했다. 一言以喪邦. 한마디 말이 나라를 잃게 할 수 있다. 有諸. 그런 말이 있겠는가? 孔子對曰. 공자가 대(對)하여 말하였다. 言不可以若是其幾也. 말은 이것이 그 기미(幾微)이다 표현할 수가 없다. 人之言曰. 사람들의 말에 이르기를. 予無樂乎爲君. 임금이 임금을 이룸에 나는 아무런 낙(樂)이 없도다. 唯其言而莫予違也. 오직 그 말이면 나를 어기는 자가 아무도 없다. 如其善而莫之違也. 임금이 선(善)한 것 같으면 신하의 입을 막는 것이. 不亦善乎. 또한 선(善)한 것이 아니겠는가? 如不善而莫之違也. 임금이 선(善)하지 않은 것 같은데도 신하의 입을 막는다면. 不幾乎一言以喪邦乎. 한마디 말이 나라를 잃게 할 수 있는 그 기미(幾微)가 아니겠는가?

子路 16장
葉公問政 子曰 近者說 遠者來

葉公問政. 섭공(葉公)이 정(政)을 문(問)하였다. 子曰. 공자가 말했다. 近者說. 가까이 있는 자(者)가 설(說)하고. 遠者來. 멀리 있는 자가 설(說)하러 오게 만드는 것이다.

子路 17장

子夏爲莒父宰 問政 子曰 無欲速 無見小利 欲速 則不達 見小利 則
大事不成

子夏爲莒父宰. 자하(子夏)가 거보(莒父)의 읍재(邑宰)를 이루었다. 問
政. 정(政)을 물었다. 子曰. 공자가 말했다. 無欲速. 급히 이루려고 하지
말고. 無見小利. 작은 이익에 욕심내지 말라. 欲速. 급히 이루려고 하
면. 則不達. 즉(則) 완전(完全)하지 못하고. 見小利. 작은 이익에 욕심
내면. 則大事不成. 즉(則) 큰 사업(事業)을 이루지 못한다.

子路 18장

葉公語孔子曰 吾黨有直躬者 其父攘羊 而子證之 孔子曰 吾黨之直
者 異於是 父爲子隱 子爲父隱 直在其中矣

葉公語孔子曰. 섭공(葉公)이 공자에게 어(語)하여 말했다. 어(語)라
하였으니 내가 보기에 이것이 말싸움하는 것이다. 시비(是非)를 거는 것
이다. 吾黨有直躬者. 오당(吾黨), 그러니까 이것이 말하자면 당쟁(黨爭)
이다. 궁(躬)은 아(我)의 몸이다. 오(吾)의 당(黨)에 곧은 아(我)의 인물
(人物)이 있다. 其父攘羊. 그 아버지가 양(羊)을 빼돌렸다. 양(攘). 물리
칠 양(攘). 이것은 훔친 게 아니다. 그냥 빼돌린 것이다. 그러니까 양(羊)
이 아마도 나라의 소유인 듯싶다. 而子證之. 아들이 스스로 증거(證據)
가 되어 고발하였다. 孔子曰. 공자가 말했다. 吾黨之直者. 오당지(吾黨
之) 직자(直者). 異於是. 시(是)는 섭공의 직(直)을 받는다. 오당의 직
(直)이라는 것은 당신 당의 직(直)이라는 것에 다르다. 父爲子隱. 아버

지는 아들을 위해서 숨고. 子爲父隱. 아들은 아버지를 위해서 숨는다. 이것이 숨기는 것이 아니다. 숨는 것이다. 보고도 못 본 것이고, 알고도 모르는 것이다. 아버지가 양을 돌려놓지 않는다면, 나중에 아들이 돈 벌어서 대신 양을 돌려놓으면 된다. 물론 발각되면 당연히 벌을 받는다. 사실은 아버지가 아니라 제가 훔쳤습니다. 오버인가? 하여튼 재미가 없다. 直在其中矣. 공자는 이미 친(親)의 중력(重力)에 의해 공간이 휜다는 것을 알고 있는 것이다. 직(直)이 직(直)이 아닌 것이다. 직(直)이 곡(曲)이고, 곡(曲)이 직(直)이다. 직(直)은 그 중(中)에 재(在)한다.

16장, 공자의 대답이 뭔가 빈정거리는 말투이다. 공(公)도 아닌 것이 공(公)이라고, 임금 대접을 받으려고 하니 뭔가 같잖다. 이것이 공(公)이라면 자왈(子曰)이 아니라 공자대왈(孔子對曰)을 썼을 것이다. 자로(子路)에게 추파(秋波)를 던진 얘기는 전에 했다.

子路 19장
樊遲問仁 子曰 居處恭 執事敬 與人忠 雖之夷狄 不可棄也

樊遲問仁. 번지(樊遲)가 인(仁)을 문(問)하였다. 얘는 농사나 짓자고 하더니 안 갔네? 잘했다. 집 떠나면 개고생이다. 子曰. 공자가 말했다. 居處恭. 처(處)는 처세(處世). 주위 사람들에게 몸가짐이나 언행을 조심하고. 執事敬. 내가 보기엔 번지가 공자의 집사(執事)로 취직한 것 같다. 與人忠. 그렇지 않고서야 여기에 충(忠)이 나올 까닭이 없다. 사람들과 더불어 함에 충(忠)하라? 애(愛)를 해야지 왜 충(忠)을 하냐? 번지가 공자의 집사(執事)로 취직한 것이 맞다. 雖之夷狄. 비록 상대가 오랑캐라 할지라도. 이미 세상이 다 오랑캐의 세상인 것이다. 그런데 이것을 번지가 어찌 알았을까? 신기하네. 不可棄也. 비록 상대가 오랑캐라 할지라도, 이 말씀을 버림은 불가(不可)하다.

번지는 안회를 업어야 한다. 그러면 왕(王)을 할 수 있다. 이 말씀이 안회를 업는 방법론이다. 안회의 종자들이 다 오랑캐인 것이다. 번지는 안회의 종자들과 안 친하다. 안 친하지만 친한 척 하라는 것이다. 그래서 충(忠)을 쓰라는 것이다. 안회도 안회의 종자들과 안 친하다. 안회는 충(忠)을 쓴다. 그럼 왜 안회는 오랑캐들을 키웠을까? 오랑캐들을 무찌르기 위해서 오랑캐가 필요한 것이다. 그런데 안회가 죽었다. 오랑캐만 남았다. 그럼 당연히 하늘을 의심해야 하지 않겠는가? 내가 보기에 이 하늘도 충(忠)을 쓴다. 與人忠. 인간과 더불어 함에 하늘이 충(忠)을 쓴다. 재미있군. 슬픈 이야기이다.

위대한 신(神)들의 스토리. 모든 신(神)들은 악마(惡魔)의 성(性)을 갖는다. 악마(惡魔)와 싸우기 위해서. 그 지존(至尊)이 세존(世尊)이시다. 그런데 세존은 죽었다. 그 죽은 세존(世尊)을 내가 아직 못 이긴다. 부끄럽다.

子路 20장
子貢問曰 何如斯可謂之士矣 子曰 行己有恥 使於四方 不辱君命 可謂士矣 曰 敢問其次 曰 宗族稱孝焉 鄕黨稱弟焉 曰 敢問其次 曰 言必信 行必果 硜硜然小人哉 抑亦可以爲次矣 曰 今之從政者 何如 子曰 噫 斗筲之人 何足算也

子貢問曰. 자공(子貢)이 문(問)하여 말하였다. 何如斯可謂之士矣. 사(士)라고 일컬을 수 있는 이것과 같은 것은 무엇인가? 사(士)가 무엇이냐를 묻는 말이다. 그런데 바로 이렇게 해석을 하면 안 된다. 자공은 지금 자기가 알고 있는 사(士)의 의미를 버릴 준비가 되어 있다는 것이다. 子曰. 공자가 말했다. 行己有恥. 자기를 행(行)함에 부끄러움이 있어야 한다. 무슨 말인지 모르겠다. 使於四方. 사방(四方)에 사신(使臣)으로 보내졌다. 不辱君命. 군명(君命)을 욕(辱)되게 하지 말아야 한다. 그럼 여기서 군(君)이 누구인가? 이것이 임금인가? 어찌 임금인가? 이것이 사(士)를 묻는 것이 아닌가? 사(士)는 벼슬이 없다니깐? 그럼 이 군(君)은 하늘이다. 너무나 당연하게 여기서 군(君)은 하늘이다. 하늘이 사방(四方)에 사신(使臣)으로 보내는 것이다. 군명(君命). 천명(天命)을 욕(辱)되게 하지 말아야 한다. 기(己)는 없는 것이다. 기(己)를 행(行)하는 것은 부끄러움을 느끼고 끝날 일이 아니다. 기(己)는 없는 것이다. 可謂士矣. 사(士)라 일컬음이 가(可)하다. 曰. 자공이 말했다. 敢問其次. 감히 묻는다. 그 다음을. 자공(子貢)은 똑똑하다. 마땅히 감(敢)을 써야 한다. 그러니까 이것이 함부로, 막, 용감하게, 나름 결단성 있게 묻는 것이다. 曰. 공자가 말했다. 宗族稱孝焉. 이것은 나름 예수이다. 예수는 효자(孝子)이다. 鄉黨稱弟焉. 굳이 말하자면 이것은 공자(孔子)이다. 공자는 제자(弟子)이다. 번역이고 해석이고 몰라도 된다. 알 필요도 없다. 曰. 자공이 말하였다. 敢問其次. 감히 묻는다. 그 다음은? 자공이 아직 접수를 못했다. 이 금도끼가 네 도끼냐? 아니다. 이 은도끼가 네 도끼냐? 아니다. 曰. 공자가 말하였다. 言必信. 언(言)은 반드시 신(信)이 있다. 行必果. 행(行)은 반드시 과(果)가 있다. 신(信)을 미루어 알 수 없는 것은 언(言)하지 말고, 과(果)를 미루어 알 수 없는 것은 행(行)하지 않는다. 硜硜然小人哉. 주변머리 없고 고집스럽기가 소인(小人)과 같아 보인다. 抑亦可以爲次矣. 공자가 상당히 겸손하다. 누를 억(抑). 공자는 본인이 여기에 속한다고 본다. 논어로 보는 공자는 분명 편집된 공자이다. 남는 건 기록이다. 내가 보는 공자는 적어도 2그룹에 속한다. 사실 1그룹에 넣어도 별 문제가 없다. 아무튼 공자의 이 하느님이 신경을 많이 쓴 듯싶다. 曰. 자공이 말하였다. 今之從政者 何如. 지금 정(政)을 종(從)하는 자들은 어떠함과 같은가? 자공이 접수를 했는가? 나는 잘 모르겠다. 子曰. 공자가 말했다. 噫. 한숨 쉴 희(噫). 트림할 애(噫). 탄식할 억(噫). 斗筲之人. 대그릇 소(筲). 대그릇으로 한 말 정도의 인간. 의미적으로는 한 줌이다. 대나무 그릇. 아마도 열 숟가락 정도가 두소(斗筲)이겠다. 何足算也. 어찌 셈을 밟겠는가. 무엇으로 셈을 밟겠는가. 저울 눈금이 안 움직인다.

子路 21장
子曰 不得中行而與之 必也狂狷乎 狂者進取 狷者有所不爲也

子曰. 공자가 말했다. 不得中行而與之. 중행(中行)을 득(得)하지 못했는데 더불어 하는 것은. 必也狂狷乎. 반드시 광(狂)이거나 견(狷)일 것이다. 狂者進取. 광(狂)의 자(者)는 취(取)하고자 나아가고. 狷者有所不爲也. 견(狷)의 자(者)는 이루지 못함의 소(所)에 있다.

무엇을 더불어 하는가? 사(士)의 도(道). 사(士)의 길. 중행(中行)은 중도(中道)가 사방(四方)인 것이다. 앞으로 가면서 동시에 뒤로 갈 수 있겠는가? 좌로 가면서 동시에 우로 갈 수 있겠는가? 이것이 중행(中行)이다. 탑을 높게 쌓으려면 반드시 땅을 깊게 파야 한다. 정의로운 뜻을 품으려면 반드시 형벌을 각오해야 한다. 그런데 이것이 사방(四方)이다. 탑을 높게 쌓은들 무슨 소용인가? 정의로운 일은 과연 정의로운 일인가? 따지자면 끝이 없다. 정말로 끝이 없다. 그러나 올바로 득(得)하였다면, 그 끝은 무아(無我)이다. 아(我)의 재(在)이다. 이것이 중행(中行)이다. 적어도 오백 년 이상은 살아야 한다. 그것이 중행(中行)이다.

백 년도 못 살면서 정의(正義)를 위해 죽겠다 하면 그것이 광(狂)이다. 이런 인간이 정(政)을 종(從)하면 아주 피곤하다. 한 줌도 안 되는 인간들. 견(狷)은 은둔자(隱遁者)이다. 그나마 곱게 미친 것이다.

子路 22장
子曰 南人有言曰 人而無恒 不可以作巫醫 善夫 不恒其德 或承之羞
子曰 不占而已矣

子曰. 공자가 말했다. 南人有言. 남인(南人)이 누구인가? 설마 이것이 오(吳)나라 월(越)나라를 말하는 것은 아니지 않겠는가? 내가 보기에 그냥 은자(隱者)를 칭하는 것 같다. 임금을 칭할 때 남면(南面)이라고 하지 않는가. 같은 남(南)이다. 그런데 이들은 신(臣)이 아니라 사(士)이다. 견(狷). 곱게 미친 은둔자(隱遁者). 은자(隱者)들은 말한다. 曰. 공자가 말했다. 人而無恒. 인간(人間)은 항(恒)이 없는 것이다. 항상(恒常)에 이 항(恒)을 쓴다. 항(恒)은 물(物)이고 상(常)은 생(生)이다. 항(恒)은 공간이고 상(常)은 시간이다. 인간은 생(生)이고, 시간을 사는 것이다. 인간은 물(物)이 아니고 공간을 사는 것이 아니다. 不可以作巫醫善夫.

무(巫)는 예언자(預言者). 의(醫)는 구원자(救援者). 대체로 보아서 선(善)을 작(作)으로써 불가(不可)하다. 대체로 보아서 무의(巫醫)가 선(善)을 작(作)하는 것은 불가(不可)하다. 선(善)은 사이언스이다. 사이언스의 모든 작(作)은 그 자체가 이미 술(述)이다. 사이언스가 본시 술(述)이다. 작(作)은 스토리. 우주(宇宙)의 스토리. 위대한 신(神)들의 스토리. 선(善)의 작(作)은 인간들의 일이 아니다.

不恒其德 或承之羞. 이것이 역경(易經)에 나오는 말이라는데 나는 모른다. '그 덕(德)은 항(恒)이 아니다. 혹 항(恒)을 잇는다면 수치(羞恥)이다.' 혹(或)이 누구인가? 내가 보기에 여기서는 군(君)이고 군자(君子)이다. 물론 도사(道士)에 가까운 은자(隱者)들은 다른 군(君)을 섬긴다. 라이프의 한 줌도 안 되는 잡귀(雜鬼). 그래도 이름은 신선(神仙)이다. 子曰. 공자가 말했다. 不占而已矣. 점(占)이 아니다. 이미 이(已). 의(矣). 그것은 이미 점(占)이 아니다. 그것은 이미 사이언스이다. 선(善)은 작(作)이 아니라 술(述)이라는 것이 곧 선(善) 그 자체이다. 그럼 이것이 논리로 보자면 성선설(性善說)이다. 인간은 선(善)을 술(述)하는 것이다. 성악설(性惡說). 인간은 선(善)을 작(作)하는 것이 아니다. 위대한 신(神)들의 성(性)은 본시 악(惡)이 맞다. 그들은 선(善)을 작(作)한다. 그러나 인간의 성(性)은 선(善)이다. 인간의 선(善)은 술(述)이다. 술(述)은 해(解)이다. 해(解)는 문(問)에 붙어야지 답(答)에 붙어서는 안 된다. 왜? 선(善)은 문(問)없는 답(答)을 좋아하지 않는다. 그것은 그저 유(有)할 뿐이다. 그것은 이미 답(答)이 너무 뻔하다. 그것은 이미 점(占)이 아니다.

子路 23장
子曰 君子和而不同 小人同而不和

子曰. 공자가 말했다. 君子和而不同. 화(和)하면서 부동(不同)하려면 어찌 해야 되는 줄 아는가? 출가(出家)를 해야 한다. 나는 지금 출가를 한 것도 아니고 안 한 것도 아니다. 내가 알기로 모든 군자(君子)는 출가(出家)를 한다. 공자도 출가(出家)를 하였다. 결혼을 하여 자식을 낳아 죽기까지 같이 살았지만 화(和)하였을 뿐 동(同)하지 않았다. 小人同而不和. 군자는 부동(不同)하고 소인은 불화(不和)한다. 군자가 화(和)하자고 하면 소인은 동(同)하자고 하고, 군자가 부동(不同)한다고 하면 소인은 불화(不和)한다고 한다. 이것은 어쩔 수가 없다. 군자가 동(同)하는 것은 불가(不可)하다. 다만 화(和)할 뿐이다. 그래서 출가(出家)를 한다.

子路 24장
子貢問曰 鄉人皆好之 何如 子曰 未可也 鄉人皆惡之 何如 子曰 未可也 不如鄉人之善者好之 其不善者惡之

子貢問曰. 자공(子貢)이 문(問)하여 말하였다. 鄉人皆好之 何如. 향(鄉)은 지역사회(地域社會). 지역의 사람들이 다 좋아하면 어떠한가? 子曰. 공자가 말했다. 未可也. 정말 좋은 일인지는 아직 모른다. 鄉人皆惡之 何如. 지역 사람들이 다 싫어하면 어떠한가? 子曰. 공자가 말했다. 未可也. 정말 나쁜 일인지는 아직 모른다. 不如鄉人之善者好之 其不善者惡之. 지역사회의 선(善)한 자가 좋아하고, 지역사회의 선(善)하지 않은 자가 싫어하는 것만 못하다.

선(善)한 자(者)나 선(善)하지 않은 자(者)나 다 좋아하는 것이라면, 더 따져봐야 한다는 것이다. 세상에 공짜 싫어하는 사람이 없는 것과 같이, 세상에 공짜는 없는 것이다.

子路 25장
子曰 君子易事而難說也 說之不以道 不說也 及其使人也 器之 小人難事而易說也 說之雖不以道 說也 及其使人也 求備焉

子曰. 공자가 말했다. 君子易事而難說也. 군자(君子)가 소인(小人)을 섬기기는 쉬워도 설(說)하기는 어렵다. 說之不以道 不說也. 설(說)하는 것이 도(道)로써가 아니면 설(說)이 아닌 것이다. 及其使人也 器之. 억지로 설(說)해 봐야 소인(小人)의 그 그릇됨의 일일 뿐이다. 小人難事而易說也. 소인(小人)은 군자(君子)를 섬기기는 어려워도 설(說)하기는 쉽다. 說之雖不以道 說也. 설(說)하는 것이 비록 도(道)로써가 아니라도 다 알아 듣는다. 及其使人也 求備焉. 억지로 설(說)하는 것까지 군자(君子)는 다 구(求)하여 비(備)하는 것이다.

왜냐하면 소인(小人)과 화(和)해야 하니까. 왜냐하면 소인(小人)과 동(同)할 수가 없으니까. 동(同)할 것 같으면 굳이 구(求)하고 비(備)하지 않아도 된다. 동(同)하고 그냥 맞장구를 치면 되니까. 설명(說明)은 못한다. 억지로 설(說)을 하면 소인(小人)들과 화(和)하기가 어렵다. 소인(小人)들이 나도 그렇다 맞장구를 치면 동(同)하기가 어려운 까닭이다. 부동(不同)하다 하면 소인(小人)들이 불화(不和)한다. 삐치고 화낸다. 이 정도는 곱게 미친 것이다. 자기들과 동(同)하지 않는 까닭에 죽이려고 한다. 이렇게 죽은 군자(君子)들이 아주 많다.

子路 26장

子曰 君子泰而不驕 小人驕而不泰

子曰. 공자가 말했다. 君子泰而不驕. 클 태(泰). 이것이 태연(泰然)의
태(泰)가 맞는데, 모르는 남들이 보기에는 거만(倨慢)에 가깝다. 당신들
이 보기에 내가 지금 상당히 거만(倨慢)하지 않은가? "잘난 체하며 남을
업신여기는 데가 있음." 교만(驕慢). "잘난 체하며 뽐내고 건방짐." 나는
태연(泰然)하다는데, 보는 남들이 그걸 인정하고 싶지 않으면 그것이 거
만(倨慢)으로 보이는 것이다. 군자(君子)가 태연(泰然)하다는데, 그것이
거만(倨慢)으로 보이면 그것이 교만(驕慢)인 것이다.

君子泰而不驕. 군자(君子)는 거만(倨慢)하지만 교만(驕慢)하지 않고.
小人驕而不泰. 소인(小人)은 교만(驕慢)하지만 거만(倨慢)하지 못하다.

거만(倨慢)은 태연(泰然)으로 바꿔서 보시라.

子路 27장

子曰 剛毅木訥 近仁

子曰. 공자가 말했다. 剛毅木訥. 굳셀 강(剛). 굳셀 의(毅). 나무 목
(木). 말 더듬거릴 눌(訥). 굳세고 굳센 나무가 말을 더듬거려? 무슨 말인
지 모르겠다. 강철(鋼鐵)같이 의연(毅然)하게, 목석(木石)같이 어눌(語

訥)하게. 뭐 이런 말인가? 近仁. 인(仁)을 가까이 하라.

　해석이 어떤지 몰라도 "인(仁)에 가깝다."는 여기서는 말이 안 된다. 인(仁)이 무슨 말인지는 설명(說明)이 이미 벌써 끝났다. 물론 공자의 설명이다. 나도 몰랐는데 설명 듣고 알았다. 아마도 내가 전달(傳達)하는 설명이 부족했을 것이다. 옹야20장. 번지(樊遲)가 문(問)한 인(仁)이 이해가 가장 쉽다. 問仁 曰 仁者先難而後獲 可謂仁矣. 획(獲)의 얼음은 사냥에 가깝다. 그러니까 인(仁)이 움직이는 것이라는 얘기이다. 이것이 인(仁)이다 하는 움직이지 않는 인(仁)은 없다. 정답(正答)이 없다는 것이다. 그러니까 답(答)은 획(獲)하는 것이라는 얘기이다. 인(仁)을 가까이 하라는 것은 중단 없이 계속 획(獲)하기를 노리라는 말이겠다.

　강철(鋼鐵)같이 의연(毅然)하게, 목석(木石)같이 어눌(語訥)하게, 인(仁)을 가까이 하라. 무슨 말인지는 여전히 모르겠다.

　子路 28장
　子路問曰 何如斯可謂之士矣 子曰 切切偲偲 怡怡如也 可謂士矣 朋友切切偲偲 兄弟怡怡

　子路問曰. 자로(子路)가 문(問)하여 말하였다. 何如斯可謂之士矣. 사(士)라 일컬을 수 있는 이것과 같은 것은 무엇인가? 子曰. 공자가 말했다. 切切偲偲. 일체(一切). 일절(一切). 이것을 체(切)로 읽느냐 절(切)로 읽느냐 들어 보았을 것이다. 여기서는 끊을 절(切)로 읽는다. 말은 끊는 것이지만 이것은 끊어서 맺는 것이다. 끊었다는 것이 중요한 게 아니라 끊어서 맺었다는 것이 중요한 것이다. 그러니까 이 절(切)에는 완결(完結)의 의미가 있다. 그러니까 이 절(切)은 지(志)의 초(初)로 보아야 한다. 나의 지(志)는 이렇다 말하는 것이다. 절절(切切). 나의 지(志)는 확고(確固)하고 또 확고(確固)하다. 시시(偲偲). 굳셀 시(偲). 지(志)는 아(我)의 일이고 이것은 배타적이다. 배타적 아(我)의 지(志)를 절(切)함에도 그 관계가 더욱 굳세다는 것이다. 시시(偲偲) 이것은 거의 의형제(義兄弟)이다. 인(人)과 사(思)의 형성문자이다. 사(思)가 사람을 얻은 것이다. 이것은 동지(同志)이다. 怡怡如也. 기쁠 이(怡). 이것은 내면(內面)에서의 기쁨이다. "밖으로 드러나지 아니하는 사람의 속마음." 벅차고 또 벅찬 것과 같다. 可謂士矣. 사(士)라 일컬음이 가(可)하다. 朋友切切偲偲. 절(切)은 끊어서 맺는 것이다. 계산이 아주 분명한 것이다. 나는 나이고 너는 너이다. 그 배타성에도 불구하고 그 관계가 더욱 굳세다는 것이다. 兄弟怡怡. 그러면 이것이 의형제(義兄弟)이다. 붕우(朋友)이면서 형제(兄弟)이다. 기쁨은 내면(內面)의 기쁨이다. 가슴 깊은 곳의 벅참이다.

나는 다 봤는데? 子路問曰 何如斯可謂之士矣. 子貢問曰 何如斯可謂之士矣. 20장의 자공(子貢)의 문(問)과 그 문(問)이 같다. 뭐가 같으냐면 그 문(問)이 의(矣)로 마친 것이 같다. 의(矣)의 마침은 말하는 이의 의지와 주장이 담긴다. 물론 내가 보기에 그렇다는 것이다. 아니면 말고. 문(問)은 내가 아는 것을 묻는 것이다. 내가 아주 모르는 것은 아예 물을 수도 없다. 뭘 알아야 묻지. 아는 것도 아니고 모르는 것도 아닌 것은 의(疑). 질문(質問). 질의(質疑). 죄송하다. 내가 일부러 거만하게 쓰는 거 아니다. 무식하면 용감한 것이다. 내가 모르니까 남들도 다 모르는 줄 아는 것이다. 내가 아는 건 나만 아는 줄 아는 것이다. 아무튼 이해를 구하는 것이다. 문(問)이 의(矣)로 마쳤다는 것은 내가 이미 안다는 것이다. 내겐 이미 답(答)이 있다는 것이다. 그런데 그것은 일방(一方)이다. 내가 가는 길이 일방(一方)이다. 문(問)하는 것은 사방(四方)을 묻는 것이다. 내가 가는 길의 목적지는 내가 이미 안다. 그런데 그 출발점이 어디인지를 묻는 것이다. 그것이 문(問)이다. 문(問)을 득(得)하면 결코 길을 잃지 않는다. 왜냐하면 사방(四方)이 다 길이다. 문(問)을 득(得)하면 답(答)은 더 이상 고집할 필요가 없다. 답(答)은 버리는 것이다. 이건 너무 쉽다. 답(答)을 버리지 못하는 인간은 문(問)을 득(得)하지 못한 것이다. 답(答)을 버리는 것이 바로 문(問)이다. 문(問)을 득(得)하면 결코 길을 잃지 않는다고 하는데 왜 답(答)을 못 버릴까? 답(答)을 버리지 못하는 인간들은 다 도둑질한 답(答)인 까닭이다. 남이 구한 답(答)을 도둑질한 것이다. 뭘 알아야 문(問)을 하지. 답(答)은 도둑질해도 해(解)는 도둑질할 수 없다. 답(答)은 유(有)하지만 해(解)는 재(在)한다. 재(在)는 본시 임자가 없다. 본시 임자가 없기에 소유할 수가 없다. 까닭에 해(解)는 본인이 직접 풀어야 한다. 본인이 직접 해(解)를 푼 인간만이 답(答)을 버릴 수 있다. 답(答)이 더 이상 의미가 없을 때 문(問)이 있는 것이다.

子路 29장
子曰 善人教民七年 亦可以則戎矣

子曰. 공자가 말했다. 善人教民七年. 선인(善人)이 민(民)을 7년을 교(敎)한다. 亦可以則戎矣. 역(亦). 또한 가(可)하다. 즉(則). 병장기 융

(戎). 오랑캐 융(戎). 병장기(兵仗器). 무력(武力)으로써 가(可)하다는 것이다. 또한 나라가 가(可)하다.

11장 善人爲邦百年. 역(亦)은 이것을 받는다. 선인(善人)의 부처의 도(道)는 100년이 걸리고, 선인(善人)의 전륜성왕의 도(道)는 7년이 걸린다.

선인(善人)의 도(道). 죽이는 것이라면, 그렇게 오래 걸리지도 않는다.

子路 30장
子曰 以不敎民戰 是謂棄之

子曰. 공자가 말했다. 以不敎民戰. 29장과 이어지는 말씀이다. 선인(善人)이 민(民)을 교(敎)하지 않음으로써 전(戰)한다. 是謂棄之. 버릴 기(棄). 이것은 버림의 일컬음이다. 그럼 이게 종말(終末)이다.

공자가 성인(聖人)에 가깝다면 안회(顔回)는 선인(善人)에 가깝다. 예수가 바로 선인(善人)이다. 3년이 걸렸다. 예수는 전륜성왕(轉輪聖王)이 되었다. 지금 예수의 연호(年號)를 쓰지 않는 나라가 아마도 하나도 없을 것이다.

종말(終末)은 아직 멀었다.

憲問

憲問 1장
憲問恥 子曰 邦有道穀 邦無道穀 恥也

憲問恥. 원헌(原憲)이 치(恥)를 문(問)하였다. 부끄러울 치(恥). 子曰. 공자가 말했다. 邦有道穀. 곡식 곡(穀). 곡(穀)은 녹(祿)이 아니라 그냥 재(財)로 보인다. 나라에 도(道)가 있어도 돈. 邦無道穀. 나라에 도(道)가 없어도 돈. 恥也. 부끄러운 일이다.

憲問 2장
克伐怨欲 不行焉 可以爲仁矣 子曰 可以爲難矣 仁則吾不知也

克伐怨 欲不行焉. 원(怨)은 원수(怨讐). 원수를 벌(伐)하기를 극(克)하고, 행(行)하지 않기를 욕(欲)한다면. 可以爲仁矣. 인(仁)을 이룸으로써 가(可)할 것이다. 뭐야? 이건 인(仁)을 묻는 게 아니잖아? 문(問)이 없어요. 그냥 답(答)이에요. 이 원헌을 어디서 보지 않았나? 옹야3장. 原思爲之宰 與之粟九百 辭 子曰 毋 以與爾鄰里鄕黨乎. 여기서도 떡 줄 사람은 생각도 않는데 김칫국부터 마시는 것이다. 술이23장도 보자. 子曰 二三者 以我爲隱乎 吾無隱乎 爾吾無行而不與二三者者 是丘也. 여기서 공자의 문도(門徒)들이 복수를 하자고 했다. 공자가 자로를 불러서 한 얘기이다. 나는 복수할 생각이 없다. 그대는 더불어 하지 말라. 시구야(是丘也). 이것은 공자의 간청(懇請)이다. 그러니까 원헌이 반란 모의의 주동자 중에 하나이다. 그러나 자로가 안 한다면 못한다. 可以爲

仁矣. 이것은 원헌의 자기위안이다. 원헌은 정말로 복수를 하고 싶었다. 남을 죽이기 위해서는 당연히 나도 죽을 각오를 하는 것이다. 원헌은 분명 죽을 각오가 되어 있었다. 그래서 원헌이 스스로 인(仁)에 가(可)를 준 것이다. 子曰. 공자가 말했다. 可以爲難矣. 이 난(難)도 보았다. 옹야 20장 번지. 問仁 曰 仁者先難而後獲 可謂仁矣. 같은 난(難)이다. 그것이 인(仁)인 것은 난(難)을 이룸으로써의 가(可)인 것이다. 원헌은 정말로 죽을 수 있었다. 그러니까 선난(先難)은 성립된 것이다. 仁則吾不知也. 그것이 인(仁)일지도 모른다. 그러나 나는 모르는 인(仁)이다. 왜냐하면 안 죽었잖아. 죽었으면 인(仁)인데. 자로가 안 한다고 해도 그대가 혼자라도 했어야지. 소인(小人)들은 꼭 무리 속에서 움직이려고 한다. 무리를 떠나서는 아무것도 못한다. 자로는 아마 그때 살아서 죽은 듯싶다. 죽은 자는 말이 없는 것이다. 공자에게 자로의 죽음은 그때 이미 예고되었다. 공자가 없어도 이제 자로는 홀로 죽을 수 있다. 공자가 정말 복수를 할 마음이 없었을까? 이미 보지 않았는가? 공자 자신이 제(祭)의 고기가 아니라면, 죽고 죽이는 복수는 하찮은 것이다.

憲問 3장
子曰 士而懷居 不足以爲士矣

子曰. 공자가 말했다. 士而懷居. 사(士)가 평범한 삶을 마음에 품는다면. 不足以爲士矣. 사(士)를 이루려 함으로써의 밝음이 아니다.

憲問 4장
子曰 邦有道 危言危行 邦無道 危行言孫

子曰. 공자가 말했다. 邦有道. 나라에 도(道)가 있다면. 危言危行. 모험적(冒險的)으로 언(言)하고 모험적(冒險的)으로 행(行)한다. 邦無道. 나라에 도(道)가 없다면. 危行言孫. 모험적(冒險的)으로 행(行)하고 언(言)은 후손(後孫)에게 미룬다.

그럼 이게 죽으라는 소린데? 사(士)가 말이다. 나라에 도(道)가 없다면. 士而懷死. 사(士)가 본시 전사(戰士)이다. 나라에 도(道)가 없다면 그것이 사(士)에게는 난중(亂中)이다. 난중(亂中)에 전사(戰士)가 어찌 살기를 바라겠는가.

언(言)은 말하는 이가 없어도 통용(通用)되는 것이다. 나라에 도(道)가 있다면 사(士)가 쓴 소리를 하고서 뒤로 빠져도 된다. 정(政)을 이루는 당신들이 잘 하라 언(言)만 하고 빠져도 된다. 그러니까 언(言)과 행(行)을 분(分)할 수 있다는 것이다. 그러나 나라에 도(道)가 없다면 언(言)과 행(行)을 분(分)할 수 없다. 모든 언(言)이 곧 행(行)이다. 나라에 도(道)가 없으면 언(言)이 말하는 이 없이 통용(通用)되지 않는다.

그럼 지금 이 대한민국에는 나라에 도(道)가 있는가 없는가? 내가 보기엔 있다. 지금은 천하(天下)에 도(道)가 있다. 그야말로 태평성대(太平聖代)이다. 그럼 나라에 도(道)가 없음을 어찌 아는가? 지금은 자본주의가 도(道)인 것이다. 돈이 돈의 가치를 갖고 있으면 도(道)가 있는 것이다. 돈이 돈의 가치를 잃으면 도(道)가 없는 것이다.

憲問 5장

子曰 有德者 必有言 有言者 不必有德 仁者 必有勇 勇者 不必有仁

子曰. 공자가 말했다. 有德者. 덕(德)의 자(者)가 있다면. 必有言. 반드시 언(言)이 있다. 有言者. 언(言)의 자(者)가 있다고. 不必有德. 반드시 덕(德)이 있는 것은 아니다. 仁者. 인(仁)의 자(者)는. 必有勇. 반드시 용(勇)이 있다. 勇者. 용(勇)의 자(者)가. 不必有仁. 반드시 인(仁)이 있는 것은 아니다.

용(勇)이 없으면 인(仁)도 없다. 용(勇)이 없는 인(仁)은 오랑캐의 인(仁)이다.

憲問 6장

南宮适問於孔子曰 羿善射 奡盪舟 俱不得其死 然禹稷躬稼而有天下 夫子不答 南宮适出 子曰 君子哉若人 尙德哉若人

南宮适問於孔子曰. 남궁괄(南宮适)이 공자에 문(問)하여 말하였다. 남궁괄(南宮适)이 누구인지 나는 모른다. 공자가 형(兄)의 딸을 시집보낸 남용(南容)이라고도 하는데 잘 모르겠다. 내가 보기에 남용(南容)이라고 하여도 그렇게 어색하지는 않다. 내가 보기에 그 인간이 이런 인간이다. 羿善射. 예(羿)는 활을 잘 쏘았다. 奡盪舟. 오(奡)는 배를 뒤집을 만큼 장사였다. 俱不得其死. 그런 능력을 구(俱)하였지만 그 죽음을 득(得)하지 못했다. 그 능력에 걸맞은 죽음을 맞지 못했다는 것이다. 둘 다 살해당했다고 한다. 然禹稷躬稼而有天下. 그러나 그러함의 연(然)

을 따른 우(禹)와 직(稷)은 몸소 농사를 지었지만 천하(天下)를 소유하였다. 夫子不答. 대체로 보아서 공자는 답(答)하지 않았다. 南宮适出. 남궁괄이 나갔다. 子曰. 공자가 말하였다. 君子哉若人. 사람들은 저런 인간을 군자(君子)라고 한다. 尙德哉若人. 사람들은 저런 인간을 덕(德)을 숭상(崇尙)한다고 한다.

내가 보기에 남용(南容)이 맞을 듯도 싶다. 나라에 도(道)가 없어도 죽음은 면(免)한다. 여전히 잘 먹고 잘 산다. 도무지 죽을 까닭이 없다. 그저 세상이 흘러가는 대로 맞게 사는 것이다. 사람들이 이르기를 군자(君子)라고 한다. 그런데 그 군자(君子)는 백 년을 못 산다. 죽어서 백 년을 못 산다는 것이다.

憲問 7장
子曰 君子而不仁者 有矣夫 未有小人而仁者也

子曰. 공자가 말했다. 君子而不仁者. 군자(君子)이면서 불인자(不仁者)는. 有矣夫. 대체로 보아서 있을 수 있지만. 未有小人而仁者也. 소인(小人)이면서 인자(仁者)는 아직까지는 있지 않았다.

여기서 소인(小人)은 6장의 남궁괄(南宮适) 같은 인간이다. 사람들이 군자(君子)라고 하는 것이다. 군자(君子)가 남궁괄(南宮适) 같이 살 수도 있다. 대체로 보아서 내가 지금 그렇게 살고 있다. 앞으로도 그냥 그렇게 죽 살아야하나 그냥 생각하고 있다. 그러나 내가 군자(君子)인 것은 내가 무엇을 위해 죽을 수 있다는 것이 분명한 것이다. 말하기가 조심스럽지만, 그것은 분명하다. 그런데 나는 그 죽음의 도(道)를 찾지 못했다. 어느 미친놈이 한여름에 씨를 뿌리겠는가. 나는 그냥 늙어서 죽기로 했다. 그러나 당신들은 죽어야 한다. 겨울을 살지 못하는 인간들은 분명 겨울이 오기 전에 씨를 뿌려야 한다.

憲問 8장
子曰 愛之 能勿勞乎 忠焉 能勿誨乎

子曰. 공자가 말했다. 愛之 能勿勞乎. 사랑하는 사람을 위해 능(能)히 수고하지 않을 수 있겠는가? 물(勿)은 명령이다. 사랑하는 사람에게 아무런 수고도 하지 말라고 하면 능(能)히 할 수 있겠는가? 忠焉 能勿誨乎. 충심(忠心)을 다하자고 다짐하면서 어린 학생(學生)의 잘못됨을 보고도 훈계(訓戒)하지 않을 수 있겠는가?

憲問 9장
子曰 爲命 裨諶草創之 世叔討論之 行人子羽修飾之 東里子産潤色之

"공자(孔子)께서 말씀하셨다. 정(鄭)나라에서 외교문서(外交文書)를 작성(作成)할 때에는 비심(裨諶)이 초안(草案)을 작성(作成)하고, 세숙(世叔)이 검토(檢討)하고, 외교관(外交官) 자우(子羽)가 수정(修正)하고, 동리(東里)의 자산(子産)이 아름답게 다듬었느니라."

"공자께서 말씀하시었다. 정(鄭)나라에서는 국민들에게 반포하는 포고문을 만들 때에 신중을 기하였다. 비침(裨諶)이 초창(草創)하였고, 세

숙(世叔)이 토론하였고, 행인(行人) 자우(子羽)가 수식(修飾)하였고, 동리(東里) 자산(子産)이 윤색(潤色)하였다."

선생님들 번역이다. 나는 잘 모르겠다.

憲問 10장
或問子産 子曰 惠人也 問子西 曰 彼哉彼哉 問管仲 曰 人也 奪伯氏
騈邑三百 飯疏食 沒齒無怨言

或問子産. 혹(或)은 아마도 계씨(季氏)이겠다. 계씨(季氏)가 자산(子産)을 물었다. 子曰. 공자가 말했다. 惠人也. 혜인(惠人)이다. 인민(人民)들에게 은혜(恩惠)로운 사람이다? 잘 모르겠다. 問子西. 자서(子西)를 물었다. 曰. 공자가 말했다. 彼哉彼哉. 저 피(彼). 당신이 더 잘 안다. 당신이 더 잘 안다. 뭐 이런 얘기인가? 모르겠다. 問管仲. 관중(管仲)을 물었다. 아마도 계씨(季氏)가 화가 난 듯싶다. 자꾸 묻는다. 曰. 공자가 말했다. 人也. 관중(管仲)은 인(人)이다. 奪伯氏騈邑三百. 백씨(伯氏)의 병읍(騈邑) 삼백리(三百里)를 빼앗았다. 飯疏食. 밥과 소통하는 것을 먹었다. 沒齒無怨言. 치아(齒牙)가 다 빠졌는데 원(怨)하는 언(言)이 없었다.

어쩌면 당연한 것이다. 원(怨)하는 언(言)이 있었다면 그냥 죽여 버렸을 것이다. 인간들은 너무 낭만적이다. 패자(覇者)가 무슨 말인지 아는가? 아니라면 그냥 죽여 버리는 것이다. 승자독식(勝者獨食). 그야말로 덕(德)같은 덕(德)이다. 개 같이 살든가 아니면 죽든가 선택권은 주는 것이다.

人也. 관중(管仲)은, 이런 인(人)이다. 해석을 이렇게 해야 할 듯싶다. 적어도 눈물은 없는 인간이다.

憲問 11장
子曰 貧而無怨 難 富而無驕 易

子曰. 공자가 말했다. 貧而無怨 難. 가난하면서 원망(怨望)이 없기는 어렵고. 富而無驕 易. 부유하면서 교만(驕慢)이 없기는 쉽다.

하(何)? 이건 또 무슨 개소리인가? 오히려 가난하면서 원망이 없기는 쉽고, 부유하면서 교만이 없기는 어렵다. 아마도 이것이 10장에 이어 계씨(季氏)에게 한 말이겠다. 계씨(季氏)에게 개소리가 오히려 선(善)하게 들리기를 기대하는 것이겠다.

憲問 12장
子曰 孟公綽 爲趙魏老則優 不可以爲滕薛大夫

子曰. 공자가 말했다. 孟公綽. 맹공작(孟公綽)이 누구인지 나는 모른다. 爲趙魏老則優. 조(趙)나라나 위(魏)나라의 노신(老臣)을 이루기에는 넉넉하다. 不可以爲滕薛大夫. 대체로 보아서 등(滕)나라나 설(薛)나라의 대신(大臣)을 이루기로써는 불가(不可)하다.

용의 꼬리는 되어도 뱀의 머리는 안 된다.

憲問 13장
子路問成人 子曰 若臧武仲之知 公綽之不欲 卞莊子之勇 冉求之藝
文之以禮樂 亦可以爲成人矣 曰 今之成人者 何必然 見利思義 見危
授命 久要不忘平生之言 亦可以爲成人矣

내가 보기에 공자는 한가하다. 계속 한가하다. 개소리가 아니면 다 잡
소리이다. 이것은 짜증나는 것이다. 나는 이미 충분히 설(說)을 한 것이
다. 그런데 이 인간들이 말귀를 못 알아듣는다. 진도(進度)가 안 나가는
것이다. 그래서 짜증나는 것이다.

子路問成人. 자로(子路)가 성인(成人)을 문(問)하였다. 子曰. 공자가
말했다. 若臧武仲之知 公綽之不欲 卞莊子之勇 冉求之藝. 약(若)은 만
약(萬若). 장무중(臧武仲)의 지(知), 맹공작(孟公綽)의 불욕(不欲), 변장
자(卞莊子)의 용(勇), 염구(冉求)의 예(藝), 염구가 출세했네. 그러니까
이것이 내가 보기에 어중이떠중이이다. 그 중에서 그나마 선(善)한 점만
을 뽑은 것이다.

文之以禮樂. 문장(文章)이 예(禮)로써 락(樂)하다면. 亦可以爲成人
矣. 또한 성인(成人)을 이룸으로써 가(可)하다. 역(亦). 자로(子路)가 이
미 말을 많이 한 것이다. 아마도 위인전(偉人傳)을 하나 읽고 감동을 받
아서 주저리주저리 말을 많이 하였을 것이다. 曰. 공자가 말했다. 今之
成人者. 지금의 성인(成人)이라고 하는 것은. 何必然. 하필(何必)은 그

냥 하필(何必). "다른 방도를 취하지 아니하고 어찌하여 꼭." 연(然)인가? 이것은 거의 공식(公式)이다. 그래도 이름 있는 대학을 나와야 사람대접을 해준다. 고등학교 졸업했다고 하면 이게 일단 좀 모자란 놈이라고 본다. 공자의 금(今)이 2500년이 지난 지금의 금(今)이랑 하나도 다르지 않다. 100년을 못 살아서 그런지 이 인간들은 도무지 발전이 없다. 진화가 없다.

見利思義. 이(利)를 견(見)하면 의(義)를 사(思)한다. 콩 한 쪽도 나눠 먹는다. 見危授命. 위(危)를 견(見)하면 명(命)을 수(授)한다. 줄 수(授). 타인의 위험을 견(見)하면 목숨을 내놓는다. 久要不忘平生之言. 할아버지의 할아버지 때부터 오랜 시간 요긴(要緊)했던 것을 잊지 않고 평생(平生)의 말씀으로 여긴다. 亦可以爲成人矣. 또한 성인(成人)을 이룸으로써 가(可)할 것이다.

그러니까 앞의 성인(成人)이나 뒤의 성인(成人)이나 같은 것이다. 장무중(臧武仲), 맹공작(孟公綽), 변장자(卞莊子), 염구(冉求), 이것이 소인(小人)이다. 성인(成人)을 따짐이니 소인(少人)으로 봄이 더 적절하다. 이 소인(少人)들의 잘난 점만을 뽑아서 그 문(文)이 예(禮)로써 락(樂)하다면. 이들의 삶의 의미가 바로 락(樂)인 것이다. 어떻게 하면 인민(人民)들을 즐겁게 살게 하겠는가? 이게 이 인간들의 정(政)이다. 인민(人民)들을 배불리고 즐겁게 살게 하겠다는데 무엇이 잘못인가? 그 락(樂)하고자 함이 예(禮)로써 그러하다면 또한 성인(成人)이라는 것이다. 잘못이라 안 했다. 그냥 소인(少人)이라고 했다. 예(禮)로써 그러하다면 또한 성인(成人)이 되는 것이다. 학이2장 其爲人也. 그 사람 되고자 함이 곧 성인(成人)이다.

憲問 14장

子問公叔文子於公明賈 曰 信乎 夫子不言不笑不取乎 公明賈對曰
以告者過也 夫子時然後言 人不厭其言 樂然後笑 人不厭其笑 義然後
取 人不厭其取 子曰 其然 豈其然乎

子問公叔文子於公明賈. 공자가 공명가(公明賈)에게 공숙문자(公叔
文子)를 물었다. 曰. 공자가 말했다. 信乎. 정말로 그렇습니까? 夫子不
言不笑不取乎. 대체로 보아서 공숙문자(公叔文子)선생께서는 말하지도
않고, 웃지도 않고, 취(取)하지도 않으신다 하던데요? 公明賈對曰. 공명
가(公明賈)가 대(對)하여 말하였다. 以告者過也. 보고(報告)한 자(者)가
지나치군요. 夫子時然後言. 대체로 보아서 선생께서는 때가 그러한 후
에야 말씀하십니다. 人不厭其言. 이것은 해석이 좀 어려워 보인다. 이것
이 "사람들이 싫어하지 않는다."로 번역될 수 없다. 인(人)은 주격이 아니
라 소유격으로 보아야 한다. 人厭不厭公叔文子其言. 사람들의 염증(厭
症)은 공숙문자(公叔文子)선생의 그 말씀에 대한 염증(厭症)이 아니다.
아무튼, 이것은 사람들이 싫어하는 것이 맞다. 공숙문자(公叔文子)가
말을 안 하는 것도 맞다. 물어봐도 대답을 안 한다. 답답하다. 염(厭)은
짜증이다. 짜증난다. 그런데 그것이 사람들이 말하는 그 염(厭)이 아니
라는 것이다. 염(厭)은 사람들의 얘기이고 공숙문자(公叔文子)선생께서
는 그렇지 않다는 얘기이다. 樂然後笑. 락(樂)하면 동시에 소(笑)해야
하는데 선생께서는 연후(然後)에 소(笑)하신단다. 박자가 늦어도 한참
늦는 것이다. 남들 다 웃고 난 다음에 웃는다는 것이다. 그러니까 남들

은 이미 다 집에 갔다. 남들은 웃고 떠들고 즐기고 다 집에 간 후에 선생께서는 그때야 웃는다는 것이다. 이것이 근엄(謹嚴)에 가까운 것인가? 그런데 그렇지는 않은 듯싶다. 근엄한 것이라면 소문이 그렇게 나지는 않는다. 하여튼 좀 특이한 것이다. 義然後取. 이것은 취(取)한 것도 아니고 안 취(取)한 것도 아니다. 人不厭其取. 받을 것이라면 진작 좀 받지 짜증난다. 그러나 짜증은 그냥 사람들의 얘기이고, 공숙문자(公叔文子)선생께서는 짜증과는 거리가 멀다는 것이다. 子曰. 공자가 말하였다. 其然. 그런 것이군요. 豈其然乎. 어찌 기(豈). 기(豈)는 의문사가 아니라 감탄사이다. 공자는 지금 웃는 낯이다. 어찌 그것이 그러하답니까? 물음표는 그냥 폼이다. 공자는 지금 사신(使臣) 접대 중이다.

아무래도 공자가 너무 한가하다.

憲問 15장
子曰 臧武仲以防 求爲後於魯 雖曰不要君 吾不信也

子曰. 공자가 말했다. 臧武仲以防. 장무중(臧武仲)이 노(魯)나라의 대부(大夫)라 한다. 방(防)은 그의 영지(領地)이다. 선생님들 책 보고 안다. 아마도 영지가 계씨(季氏)와 맹씨(孟氏)와 접하고 있었나 보다. 13장에서 장무중(臧武仲)을 보았다. 臧武仲之知. 이 지(知)는 지략(智略)에 가까워 보인다. 인민(人民)들을 배불리고 나라를 부강하게 하기 위한 지략(智略). 그러나 이것이 결국에 이(利)를 좇는 것이다. 이(利)라면 계씨(季氏)와 맹씨(孟氏)도 이미 일가견(一家見)이 있다. 주먹이 빠르다고는 하나 이미 체급 차이를 극복하기 어려운 것이다. 장무중(臧武仲)의 지략(智略)이라는 것이 그저 잔꾀에 불과한 것이다. 박쥐같이 계씨(季氏)와 맹씨(孟氏) 양쪽에서 뜯어 먹다가 화(禍)를 부른 것이다. 求爲後於魯. 가진 것을 다 드릴 테니 목숨만 살려주십시오. 영지(領地)를 다 줄 터이니 제사 지낼 후손(後孫)만은 노(魯)에 살려 달라. 이(利)에 밝은 계씨(季氏)가 영지만 뺏고 제사 지낼 후손은 살려 줬다고 한다. 이것은 살려 주는 게 이(利)이다. 아니라면 나중에 죽이는 게 이(利)이다. 자세한 것은 선생님들의 책을 보시라. 雖曰不要君. 장무중(臧武仲)이 대부(大夫)이고 계씨(季氏)도 대부(大夫)이다. 대부(大夫)는 대부(大夫)를 죽일 수 없다. 이것은 너무나 당연한 봉건제(封建制)의 기본이다. 이것이 안 지켜지면 봉건(封建) 그 자체가 성립이 안 된다. 대부(大夫)를 죽이는 것은 오직 왕(王)이다. 왕(王)의 명(命)이 반드시 있어야 한다. 그러니까, 계씨(季氏)가 왕명(王命) 없이 자기를 쳤다는 것이다. 응? 그럼 이게 뭐야? 임금이랑은 사전에 얘기가 다 됐다는 것인데? 혼자 먹은 게 아니다? 물론 인민(人民)들을 위한 이(利)이다. 그런데, 그런 식이라면 사전에 얘기가 다 된 건 계씨(季氏)도 같아요. 너무 순진한 지략이에요.

雖曰不要君. 비록 왕명(王命)이 없었다는 절차적 문제를 제기하지만. 吾不信也. 나는 그렇게 생각하지 않는다.

憲問 16장
子曰 晋文公譎而不正 齊桓公正而不譎

무슨 말인지 모르겠다. 그만 봐야겠다. 죄송하다. 나는 14편까지 보려고 했다. 14편이 헌문(憲問)이다. 헌문(憲問)이 47장까지 있다. 나머지는 제목이 그러하니, 용(勇)이 없는 오랑캐의 인(仁)으로 보면 될 듯싶다. 아니면 말고. 아니면 말지 뭘 어쩌겠는가. 용(勇)만 알고 인(仁)을 모르는 오랑캐라든가. 아무튼 나는 잘 모르는 것이다.

마치는 글이 조심스럽다. 이 글이 판타지를 포함한다고 처음에 말했다. 그것으로 내게 따지지 말라. 그런 것으로 내가 사기(詐欺)를 치지는 않는다.